KB105455

습관은 반드시 실천할 때 만들어 집니다.

좋은습관연구소가 제안하는 29번째 습관은 "브랜딩에 성공한 병원의 습관"입니다. 요즘 병원 시장만큼 경쟁이 뜨거운 곳도 없습니다. "허리통증"으로만 검색해도 수없이 많은 병원이 뜨고 모두 자신이 최고라고 주장합니다. 이 책에서는 이 같은 마케팅 전쟁에서 승리하기 위해 "병원 브랜딩"을 제안합니다. 브랜딩은 검색 광고와 할인 이벤트 등 몇 번의 프로모션으로 만들 수 없습니다. 그리고 마케팅 대행사가 해줄 수 있는 것도 아닙니다. 병원장과 직원들의 환자를 향한 진심과 정확한 의술이 바탕이 되어 우리만의 차별화된 가치가 만들어질 때 완성됩니다. 하지만 여기에도 몇 가지 요령이 있습니다. 이 요령을 얼마나 잘 익히느냐에 따라 브랜딩은 좀 더 빨리 그리고 좀 더 단단히 만들어 집니다. 과도한 마케팅 비용 없이도 환자들이 저절로 입소문 내는 브랜딩 방법. 이 책을 통해서 배워보았으면 합니다.

인생을 살다 보면 훌륭한 멘토를 만나거나 멘토에 버금가는 책을 접하게 되어 그 계기가 삶의 터닝 포인트가 되기도 한다. 이 책은 병원 브랜드의 중요성과 실제 브랜딩을 어떻게 하는지 알려주는 훌륭한 멘토가 되어 우리 병원을 보랏빛 소로 만들어 줄 것이다. **(글로리서울안과의원 구오섭 원장)**

이 책을 읽으면서 나는 한 단계 높은 이웃사랑을 배울 수 있었다. 환자 진료에 몰두해야 할 의사들에게 마케팅 짐을 덜어줘 본업에 몰두하게 하는 것, 브랜딩으로 병원의 가치를 높여 환자가 믿고 찾을 수 있게 하는 것, 궁극적으로 직원과 환자 모두가 행복한 병원을 만드는 것, 이것이야말로 진정한 이웃 사랑이 아니고 무엇일까. **(서울대학교 치과병원 치주과 김성태 교수)**

여느 기업처럼 병의원도 이제는 매출 확대와 마케팅 비용 절감을 함께 고민하지 않을 수 없는 시대다. 그런 점에서 이 책은 시의 적절하게 나온 책이라는 생각이 든다. 실제 병의원 컨설턴트의 현장 경험이 고스란히 녹아 있어 언제든 현장 적용이 가능하다. 무엇보다 셀프 브랜딩이 가능하다는 얘기가 용기를 불어넣어 준다. **(골드만비뇨의학과 조정호 원장)**

진찰 잘하고 환자들 진료에만 신경 쓰면 될 줄 알았다. 하지만 병원 경영은 그것만 있는 게 아니었다. 뜻한바 진료를 펼치려면 환자들이 찾아와야 하는데, 그러기 위해 어떤 병원인지 알리는 작업이 브랜딩이란 걸 알게 되었다. 내가 원래 잘하던 것을 특화해 함께 잘하는 것이 브랜딩이었다. 많은 병원장님에게 도움이 될 것 같다. **(서울라헬여성의원 정현정 원장)**

모든 마케터들은 병원 광고를 위해 멋지고 고객의 이목을 끄는 방법을 찾는다. 심지어는 없는 것도 만들어낸다. 하지만 이런 것들이 내 병원에 어울리지 않는다면, 결국 흉내를 내는 수밖에 없다. 이런 점에서 우리 병원을 브랜딩 한다는 것은 매우 중요하다. 진짜 우리 모습을 찾는 것이기 때문이다. 이를 위한 길잡이로서 더없이 필요한 책이다. **(위드유의원한의원 한성호 원장)**

의료 기관의 마케팅은 투기에 가깝다고 느껴질 때가 있다. 투입 비용 이상으로 매출이 나오면 성공, 그렇지 못하면 실패로 판단한다. 그래서 마치 도박이나 게임처럼 중독되기도 쉽다. 마케팅을 중단하면 성과가 나오지 않기 때문이다. 이 책은 마케팅을 제대로 하는 것에 관한 책이다. 궁극적으로는 마케팅 없이도 마케팅 효과를 얻는 것에 관한 책이다. **(전 경희대학교 의료경영대학원 겸임교수 홍성진, 「병원을 살리는 마케팅 병원을 죽이는 마케팅」 저자)**

마케팅 비용의 경쟁에서 벗어나는

병원
브랜딩 기술

문수정 지음

BRANDING

브랜딩은 하고 싶은데,
도무지 모르겠다는 병원을 위한
가장 최소한의 셀프 브랜딩 실무 가이드북

좋은습관연구소

병원 브랜딩 20 단계

1. 나(원장님/병원 설립자)만의 강점은 무엇인지, 내 삶에서 가장 중요한 것은 무엇인지, 나를 움직이는 힘은 무엇인지 자문한다. 즉, '나다움'을 찾는다.

2. "저는 어떤 의사입니다" 혹은 "저는 무엇을 하는 의사입니다"를 정의해본다. (예: 나는 단순한 피부과 의사가 아니다. 더 예뻐지기 원하는 주인공 환자에게 새로운 삶을 선사하는 크리에이터이다.)

3. 컨셉 도출을 위해 4C(환경, 경쟁사, 자사, 고객) 분석을 한다. 환경 분석은 지금의 트렌드에서 줄 수 있는 가치가 무엇인지, 경쟁사 분석은 경쟁사 대비 우리만이 줄 수 있는 것은 무엇인지, 자사 분석은 우리 병원이 계속 유지해야 할 것은 무엇인지, 고객 분석은 우리 병원을 방문하는 환자는 누구이고 그들의 니즈는 무엇인지 분석하는 것을 말한다.

4. 분석에서 나온 답과 나다움을 비교해 의미상 공통적인 키워드를 뽑는다.

병원 브랜딩 기술

5. 이렇게 도출된 키워드를 활용해 우리 병원의 미션, 비전, 핵심 가치, 스토리, 슬로건을 정한다. 이로써 병원의 브랜드 컨셉은 완성된다.

6. 만약 개원 전이라면, 컨셉을 완성한 후 브랜드 네임(=병원 이름)을 정한다. 네임은 컨셉이 반영된 부르기 쉬운 이름이어야 한다. 그리고 너무 흔하지 않은지, 상표권 등록은 가능한지 등도 반드시 확인한다.

7. 이름까지 정했으니 브랜드 정체성을 고려한 디자인(로고, 서체, 컬러) 전략을 수립한다. 예쁘다, 안 예쁘다가 아니라 우리 병원의 정체성을 잘 표현하느냐 그렇지 않느냐로 결정한다.

8. 만약, 병원을 운영 중인 상태에서 브랜드 리뉴얼을 해야 하는 상황이라면 탑다운 방식으로 원장님 혼자서 모든 것을 결정하지 않도록 하며, 직원들과 함께 워크샵을 하면서 결정한다.

9. 워크샵을 하며 직원들은 자신의 일(업)의 가치를 새롭게 정의하고, 병원 브랜드를 재 인식하는 계기로 삼는다. (예: 나는 비만 치료를 돕는 간호사가 아니라 환자의 행복을 돕는 '해피 이노베이터'이다.)

10. 브랜드와 관련된 모든 정의가 내려졌다면, 이 모든 것을 정리한 "브랜드 웨이북"을 만들고 이를 내부 지침서로 활용한다.

11. 새로 들어오는 직원은 물론이고, 기존 직원들에게도 반복적인 교육으로 브랜드 컨셉이 하나의 문화가 되도록 한다.

12. 직원 채용시에도 브랜드 컨셉에 입각해 이를 잘 이해하고 실천할 수 있는 인재인지를 판단한 후 채용한다.

13. 병원의 내부 환경 등도 환자가 브랜드 가치를 잘 느낄 수 있도록 설계되어 있는지 점검하고 보완한다.

14. 고객에게 전달되는 모든 언어(안내문부터 대화까지)에 브랜드 컨셉을 담는 작업을 하고, 환자의 진료 동선도 브랜드 가치가 돋보일 수 있도록 개선한다.

15. 마케팅과 관련해서는 병원 브랜드를 홍보할 수 있는 매체에 대한 이해를 높이고, 광고할 영역인지 꾸준한 콘텐츠 포스팅을 할 영역인지 등을 판단한다.

16. 마케팅 대행사를 활용할 경우, 브랜드에 대한 이해를 충분히 하도록 한 후 운영 전략 등을 결정한다.

17. 마케팅과 관련된 의사결정은 브랜드 정체성이 잘 드러나는 활동인지, 고객이 인지할 수 있는 활동인지를 충분히 고려한다.

18. 마케팅 콘텐츠는 각 매체 특성에 맞춰 만든다. 이때 마케팅은 광고가 아니라 고객과의 대화, 소통임을 잊어서는 안 된다.

19. 브랜드 가치를 어필하는 콘텐츠 작성법을 익혀 둔다. 신뢰를 얻을 수 있는 스토리와 숫자 등을 활용하고, 환자 후기의 활용은 관련 법에 위배되지 않도록 주의한다.

20. 이후 각각의 콘텐츠 반응률 그리고 전환률 등을 체크하고 이를 꾸준히 관리해 나간다.

병원 경영은 어렵습니다

우리나라에서 당장 내일 오전에 갈 수 있는 치과를 찾는 일은 그리 어렵지 않습니다. 1만 8천여 개의 치과가 전국 곳곳에 빼곡히 들어서 있어 그 중 하나를 선택하면 그만입니다. 게다가 비용 부담도 적은 편입니다. 임플란트는 보험으로 2개까지 가능한데다, 진료비도 다른 선진국에 비하면 매우 싼 편입니다. 이렇듯 우리나라 의료시스템은 환자에게 매우 편리하고 매력적입니다.

하지만 이러한 의료 시스템 이면에는 의료 공급 과잉이라는 문제도 숨어 있습니다. 가령 피곤하거나 숙취가 있을 때 스마트폰으로 '수액 치료'를 검색해봅니다. 그러면 수십 개, 수백 개의 서로 다른 병원이 나타납니다. 그리고 온라인에서 치열한 경쟁을 합니다. 안과도 마찬가지입니다. 몇 만 원이면 수십 가지 검사를 받을 수 있습니다. 주차비는 물론 마스크와 음료까지 손에 쥐여줍니다. 환자의 눈높이는 갈수록 높아져 병원마다 진료와는 상관없는 각종 서비스가 너무 많습니다. 그러다 자칫 의료 실수가 있거나 병원의 서비스 중 불편한 점이 조금이라도 있게 되면 '불친절하다' '진료비가 비싸다'라는 악플이 쏟아집니다.

전쟁터 같은
개원가의 현실

이것이 현재 개원가가 처한 현실입니다. 의료 공급 과잉 시대로 치열한 전쟁터 같은 모습입니다. 접근성이 좋고, 수가(국민건강보험으로부터 보전받는 진료비)가 낮으니 환자의 의료 서비스 이용은 늘어만 갑니다. 하지만 경쟁 역시 갈수록 심화되어 상가 건물마다 병원이 들어서고, 편의점보다 병원이 더 많은 지경입니다. 그래서 많은 병원이 화려한 겉모습과 달리 속으로는 속앓이를 하고 있습니다.

저를 찾아온 원장님들은 하나같이 이런 고민을 털어놓습니다. 그리고 해법을 찾아 달라고 컨설팅을 의뢰해옵니다. "아무리 마케팅에 신경을 써도 매출과 초진이 정체 상태입니다." "소개 환자, 재진 환자가 늘지 않네요." "매출은 오르는데, 행복하지 않고 늘 불안합니다." "직원들이 계속 이직하는데, 도

무지 그 이유를 모르겠습니다."

소위 의사는 돈벌이가 좋다고 여겨지는 대표적인 전문직 중 하나였습니다. 하지만 상승하는 인건비와 물가를 따라가지 못하는 저수가 정책이 계속되자, 이제는 이런 말도 옛날이야기가 되었습니다. 그리고 폐업의 위기도 예상치 못한 곳에서 발생하기도 합니다. 그동안 환자에게 보낸 친절과 노력과는 별개로 악플러 한 사람 때문에 위기를 맞기도 합니다. 마치 끝도 보이지 않는 벼랑 끝에 내몰린 형국입니다.

일단 개원을 하게 되면 직원 관리, 임대료, 보험 청구, 재료와 장비 구매, 병원 환경 개선, 마케팅 등 신경 써야 할 게 한둘이 아닙니다. 막 개원한 병원에는 행정팀이 따로 없다 보니 이 모든 걸 원장이 직접 할 수밖에 없는데, 원장님의 스트레스가 이만저만이 아닙니다. 이뿐만이 아닙니다. 환자의 눈높이에 맞춰 각종 장비나 기구들 준비에 무리하게 대출을 받았다가 매출이 제때 나오지 않아 우울증에 빠지는 일도 많습니다. 그리고 처음 해본 동업이 깨지면서 위약금과 빚을 떠안는 일도 있고, 인건비 줄이려고 병원장 아내가 조무사 시험을 보고 입사(?)를 하는 일도 있습니다. 전문의 자격으로 병원을 개원했지만 경영난으로 결국 6개월 만에 폐업하는 분도 있습니다. 이처럼 개원의로 시작한다는 것은 회사 하나를 창업하는 것과 다르지 않습니다. 개원가는 정말 하루하루가 전쟁입니다. 한 치 앞을 예측

할 수 없는 살벌한 진료 환경에 놓여있다는 것을 실감합니다. 필자가 아는 지인 중 인천에서 치과를 운영하던 여자 원장님이 계셨는데, 안타깝게도 병원의 경영난을 견디다 못해 결국 극단적인 선택을 하고 말았습니다. 너무 슬픈 일이 아닐 수 없습니다.

실제 통계를 보면 상황은 더 심각합니다. 우리나라는 OECD 국가 중 자살 비율이 가장 높은 나라입니다. 그런데 의사 직군의 자살률이 3위일 정도로 높은 편입니다(한국 의료 종사자의 건강과 사망률, 대한의학회지, 2022). 심지어 산부인과 의사의 자살 비율은 연간 1,000명당 5명에 이를 정도로 심각합니다. 이 모두 저출산, 저수가, 고위험, 고비용 등으로 의사들이 위기에 내몰리고 있기 때문입니다.

이 책을
쓰게 된 이유

이 책은 바로 이런 고민에서 시작되었습니다. 극심한 경쟁에서 살아남으려면 오직 한 가지, 환자들로부터 선택을 많이 받는 수밖에 없습니다. 하지만 이런 선택을 받으려면 남다른 무언가가 있어야 합니다. 그것은 뭘까요? 바로 '브랜딩'입니다.

브랜딩이라는 말은 요즘 여기저기 많이 등장하는 말입니다.

경쟁이 심해진 환경과 비슷한 수준으로 평준화된 상품과 서비스 속에서 남들과 다른 이야기로 고객의 마음을 흔드는 것이 브랜딩입니다. 누구나 아는 유명 브랜드의 브랜딩부터 동네 빵집의 브랜딩까지. 그동안은 브랜딩이라고 하면 우리와는 상관없는 다른 업의 얘기 같았지만, 불과 몇 년 사이에 병원에도 필요하다는 인식을 모두 하고 있습니다. 누구나 이를 의심하거나 부정하지 않습니다.

제가 이 책을 통해 병원 브랜딩을 말하고자 하는 이유는 단순 명확합니다. 브랜드야 말로 이 시대의 가장 강력한 차별화 도구이자 무기이기 때문입니다. 실제로 코로나 장기화, 소상공인 경영난, 고금리 경제 위기 상황을 거치면서 병원의 폐업률은 높아졌지만 브랜딩이 되어 있는 병원은 더 호황을 누리는 아이러니한 상황이 연출되고 있습니다. 전통적인 성공 전략이 적중하지 않는 혼란의 시대일수록 사람들은 브랜드에 반응합니다. 그러므로 성공적인 병원 경영을 위한 사업 전략 역시도 브랜딩 전략이어야 합니다. 브랜드를 키우는 것이 병원을 키우는 일입니다.

경영학의 구루 피터 드러커는 일찌기 '브랜딩은 마케팅을 불필요하게 만든다'라고 말한 바 있습니다. 만약 자기만의 브랜드 만들기에 실패하게 되면, 한 번 노출로 휘발되는 광고비만 퍼부으며 버티기를 하다 종국에 가서는 문을 닫습니다. 그렇지만 브랜딩은 바로 버려지지 않는 마케팅입니다. 당장 큰 효과를 얻지 못할 수 있지만 벽돌을 올리듯 쌓다 보면 거대한 성이 되는 마케팅이 브랜딩입니다. 그래서 진료와 병원 경영으로 눈코 뜰 새 없이 바쁜 병원장님들이 가장 손쉽게 할 수 있으면서도 가장 안전하고 탄탄하게 병원을 운영하는 방법이 되기도 합니다.

부디 이 책이 이미 개원했거나, 개원을 준비 중인 원장님들에게 훌륭한 가이드 역할을 했으면 좋겠습니다. 그리고 병원의 마케팅과 브랜딩을 심각하게 고민 중인 분들에게도 속 시원한 해답이 될 수 있기를 바랍니다.

목차

1부.
브랜드 컨셉 만들기

1

원장님의 나다움에서부터
브랜드는 시작

성공하는 병원이 되기 위해서는 우리만의 차별적 이미지
가 필요하다. 이는 그냥 만들어지는 것이 아니라 우리 병원
의 '병원다움'(정체성)을 발견할 때 가능하다. 우리 병원의
병원다움은 결국 병원을 책임지는 병원장에서 출발한다.
"나는 어떤 의사이고, 무엇을 좋아하고, 어떤 지향점을 가
지고 있는 의사인가?" 이 질문이 브랜드의 시작점이다.

"원장님, 왜 개업하고 싶으세요?" "원장님, 왜 개업을 하셨
어요?"

저는 원장님과 첫 미팅을 할 때면 백이면 백, 이 질문을 가장
먼저 합니다. 안정적인 대학병원이나 봉직의(페이닥터)를 뒤로
하고 험난한 개원가로 나오게 된 데에는 다들 이유가 있습니
다. 대부분의 원장님은 수익(돈) 때문이라고 솔직하게 대답합
니다. 하지만 힘든 과정을 감내하고서라도 개원을 선택하는 분
들은 돈 말고도 다른 이유가 있습니다. 말은 돈 때문이라고 하
지만 수익만을 위해 병원(의료 기관은 요건에 따라 의원, 병원으로 구분

하지만 이 책에서는 편의상 '병원'으로 통칭했다)을 개원하지는 않습니다. 수익은 경영의 결과일 뿐 병원의 존재 이유 그 자체는 아닙니다.

어떤 분은 병원장 밑에서 월급을 받으면서 지금 하는 진료가 내가 꿈꿔왔던 것인가 하는 의문과 회의 때문에 개원하게 되었다고도 말합니다. 원칙적인 치료보다 병원의 방침을 무조건 따라야 한다는 규정, 과도한 이벤트와 진료의 질을 떨어뜨릴 정도로 많은 예약, 여기에 좀 더 오랜 시간 환자와 대화를 나누고 진료하고 싶지만 빨리 끝내라는 압박 사인, 환자를 위한 좋은 치료 장비를 들이고 싶지만 듣는 시늉도 안 하는 병원장, 이런 것들이 싫어 내 병원을 꿈꾸게 되었다고 합니다. 어떤 분은 번아웃이 와서 더는 고도의 집중을 요구하는 수술이 힘들어 시술에만 집중하고 싶어 개원했다는 분도 있습니다. 이렇듯 대부분 개원의들은 자신의 철학과 뜻에 맞춰 진료하고 싶다는 말씀을 이구동성으로 합니다. 결국 의사의 존재 이유인 최선의 진료와 주체적인 진료, 이 두 가지 바람을 갖고서 험난한 개원가로 뛰어듭니다. 그러면서 이런 동기가 병원 경영과 잘 접목이 되면 환자의 마음을 얻게 되고 병원은 점점 자리를 잡아가게 됩니다.

개원의에게 필요한 병원 경영이란 어떤 것일까요? 먼저, 좋은 진료를 하고 싶다는 순수한 동기 외에도 고객(환자)이 우리 병원에 와야 하는 이유를 설명할 수 있어야 합니다. 이는 일종의 병원 설립 철학과도 같습니다. 병원장의 개인적인 동기보다 한 차원 높은 병원 경영의 목표와 비전이라고 할 수 있습니다. 나아가 병원을 구성하는 구성원 전부의 근무 동기이기도 합니다. 동기가 잘 수립되고 모든 직원이 동일한 공감대를 갖고 있어야 모두가 일관된 소통을 할 수 있습니다. 그러면 환자들은 다음과 같이 말하게 됩니다.

"저 병원은 이런 게 달라."

여기서 말하는 '이런' 것이 우리 병원만의 남다른 점입니다. 그리고 우리가 말하고자 하는 브랜드(나아가 병원 이름)가 됩니다.

병원 브랜딩의
첫 단추

예약제로 한 사람에게 오랜 시간 집중하는 피부미용의원이 있었습니다. 환자의 삶 자체에 유독 관심이 높은 원장님은 피부 진료 상담을 넘어 미용 시술을 통해 삶의 문제를 해결하겠다는 진료 철학을 가지고 있었습니다. 통상 피부에 문제를 가진 환자들은 사람들 앞에 나서기를 주저합니다. 이는 자신감 결핍으로 이어져 원활한 사회생활을 어렵게 합니다. 원장님은 이런 점을 해결하고 환자에게 새로운 인생을 열어주고 싶다는 생각을 했습니다. 그래서 단순히 피부 치료뿐만 아니라 마치 심리 상담 같은 대화도 많이 했습니다(환자당 두세 시간). 그러다 보니 매일 두세 명의 환자를 보는 것이 전부였습니다.

긴 시간을 진료해 환자들의 다양한 표정을 볼 수 있고, 시간을 들여 그 사람의 문제를 바라보고 접근하니 주름 하나 꺼짐 하나가 예삿일처럼 안 보이고, 그래서 더욱 환자에게 신경을 쓰게 되었습니다. 자연스레 치료의 재미와 보람도 있었습니다. 이곳 원장님은 다른 병원에서 줄 수 없는 경험을 환자에게 제공하고 있었습니다. 물론 이렇게 해도 경영상 아무런 문제는 없다고 합니다. 충분한 시간을 들인 만큼 그만큼의 진료비를 책정해도 환자들은 타당하다고 생각하고 지불하기 때문입니다.

응급의학과는 응급진료를 다루다 보니 보통 개원이 어렵다고 생각합니다. 하지만 모 원장님은 미국의 데이케어센터처럼 지역의 경증 응급 및 만성 질환을 앓는 환자를 다루고자 했습니다. 일반적으로 IT분야 종사자들이 생활이 불규칙하고 계속해서 앉아서 일하는 경우가 많아 통증이나 만성 질환, 비만 치료 니즈가 크다고 합니다. 이 원장님은 여기에 착안해 IT 기업이 많이 모여 있는 디지털 단지 내에 개원을 했습니다. 이 병원은 현재까지도 잘 운영 되고 있습니다.

모 내과 병원의 원장님은 국내 대학병원에서 손꼽힐 정도로 대동맥 수술을 많이 하셨던 분입니다. 수술실에서 환자들을 만날 때마다 조기 검사의 필요성을 강하게 느꼈고, 이후 개원하면서 그 뜻을 담아 개원을 했습니다. 그리고는 입소문을 타면서 전국 각지에서 찾아오는 병원이 되었습니다. 큰 대학병원에서처럼 명성과 안정감은 없지만 작지만 강한 병원으로 자리를 잡았습니다.

총 세 분의 예를 들었습니다만, 이분들의 공통점은 자신이 좋아하는 일을 계속하기 위해 개원했고, 그 목적에 만족하는 병원을 꾸리고 경영도 잘하고 있다는 것입니다. 좋아하는 일을 한다면 단 하루도 일하는 것 같지 않다는 옛말이 있습니다. 이분들에게는 병원 일이 고난과 인내의 대상이 아니라 행복 그 자체입니다. 그런데 반대로 개인의 동기가 일의 동기로 넘어가지 못하면 일은 재미가 없고 힘들게만 느껴지고, 당연히 우리 병원의 색깔도 나오지 않게 됩니다.

일로써 행복해지는 방법을 찾고, 그것이 개원의 목적이 될 때 브랜드도 함께 시작됩니다.

원장님의 '나다움'은 무엇인가요?

'나다움'이라는 말을 많이 들어보셨을 겁니다. 나다움이란 세상의 단 하나뿐인 나의 존재 이유입니다. 우리에게는 우리 병원의 '병원다움'이 필요합니다. 병원다움의 시작은 병원의 설립자이자 주인인 '병원장의 나다움'에서부터 시작합니다.

그런데 이렇게 말씀하시는 원장님들이 있습니다. "제가 뭘 제일 잘하는지 모르겠어요. 우리 병원을 뭐로 차별화해야 할지 모르겠어요. 그냥 저는 주변 병원에서 블로그 마케팅으로 효과를 봤다고 하니, 우리도 그냥 그런 걸 더 많이 해야 하는 것 아닌가 싶은데요."

전국으로 컨설팅을 다닐 때면 이렇게 말씀하시는 원장님들을 자주 만납니다. 상당수 원장님은 브랜딩이고 뭐고 간에 그런 것에는 안중에 없고(개념적으로 알고 있다 하더라도), 일단은 효과를 봤고 매출에 도움이 되었다, 이렇게 들은 마케팅만 무조건 쫓으려 합니다. 하지만 이는 단추꿰기의 순서가 잘못된 것입니다. 이렇게 단발적인 기술에만 집중하면 병원에서 시도하는 모든 전략, 경영, 마케팅이 유기적인 힘을 발휘하지 못합니다.

다음커뮤니케이션의 문효은 전 부사장은 "당신이 누구인지 명확하게 모른다면 당신의 브랜드도 심각한 정체성의 혼란을 겪게 될 것이다. 당신 안에 있는 장점을 새롭게 정의하여 당신의 브랜드로 전이하라"라고 말했습니다. 저는 컨설팅을 의뢰한 원장님을 만날 때마다 가장 먼저 심층 인터뷰를 진행합니다. 나만의 강점은 무엇인지, 내 삶에서 가장 중요한 것이 무엇인지, 나를 움직이는 힘이 무엇인지 질문과 답변을 통해 찾아냅니다. 통상 '자기발견 워크북'을 활용하는데, 나의 가치관 등을 알아낼 수 있는 수많은 질문이 포함되어 있습니다(부록 참조). 원장님들은 이 과정을 거치면서 스스로 '자기다움'(Identity, 정체성)을 발견하게 됩니다. 그리고 비로소 자신의 달란트와 오리지널리티가 무엇인지 깨닫게 됩니다. "저는 의사인데요"가 아니라 "저는 어떤(형용사) 의사입니다 또는 무엇을 합니다(동사)"를 찾는 과정이라 할 수 있습니다.

피부과 모 원장님이 기억 납니다. 의사가 되기 전 TV 광고, 영화감독을 꿈꾼 분이었습니다. 남다른 감각이 있던 원장님은 환자를 진료하는데 자신이 갖고 있던 창의적 사고와 재능을 진료에 발휘했습니다. 통상 미용 목적의 피부과 진료의 경우 병원이 가지고 있는 장비나 인력 등을 바탕으로 하므로 진료가 어느 정도 정형화될 수밖에 없습니다. 하지만 이 원장님은 이런 획일화된 틀에서 벗어나 매번 치료 과정을 남다르게 바라보고 특별한 변화를 만들곤 했습니다. 그리고 그런 일에 재미와 열정을 느꼈습니다. "나는 단순한 피부과 의사가 아니다. 더 예뻐지기 원하는 주인공(환자)에게 새로운 삶이라는 영화를 만드는 크리에이터이다." 원장님은 스스로 자기다움을 이렇게 정의하고 직원들과 함께 "To Be Creator!"를 병원의 모토로 삼았습니다.

자기다움을 찾는 과정을 재미있어하고 흥미로워하는 원장님도 있지만, 난생처음 접하는 질문에 굉장히 낯설어하고 불편해하는 원장님도 있습니다. 마치 왜 사느냐고 질문을 받는 것과 비슷하기 때문입니다. 또 생각보다 나 자신을 너무 모르고 있었다며 놀라는 원장님도 있습니다. 아마도 오랫동안 남을 의식하며 경쟁하는 삶만 계속해서 살아왔기 때문이 아닌가 싶습니다. 자기다움을 찾는 질문과 답을 주고받는 과정에서 어떤 원장님은 열정과 도전 같은 성취 키워드로 자신의 워크북을 가득 채우는 분이 있는가 하면, 또 다른 원장님은 섬김과 희생 같은 관계 지향적 단어를 가득 채우기도 합니다. 이 과정에서 자신도 몰랐던 새로운 모습을 발견하기도 합니다. 특히 공동 개원한 원장님들은 서로 잘 몰랐던 면을 발견하고 놀라워하기도 합니다. 이렇듯 자기다움을 찾는 일은 나를 마주하는 연습에서부터 시작합니다.

꼭 컨설팅을 통하지 않더라도 스스로 나는 누구인지, 무엇때문에 의사가 되었는지, 어떤 의사가 되고 싶은지, 어떤 것을 좋아하는지 스스로에게 물어보았으면 합니다. 이 과정을 통해 자연스럽게 "나는 어떤 의사이다"가 정리됩니다. 여기서 '어떤'은 지금의 내 모습일 수도 있고, 지금은 아니지만 앞으로 내가 지향하는 어떤 것일 수도 있습니다. 이는 우리 병원의 운영 이

넘이자 목표가 됩니다. 이처럼 창업자의 철학이 투영된 브랜드는 힘을 갖고 있습니다. 이것이 바로 브랜딩입니다.

어떤 병원이
오래도록 살아남는가

"요즘 브랜드 시대인 건 알겠는데, 병원도 브랜딩을 해야 하나요?" "병원은 의료인데, 브랜딩이 필요할까요?"

선택의 폭이 넓어진 시대입니다. 소비의 양극화가 심해져 평균이 소멸하고 있습니다. 기능은 상향 평준화가 되었고 비슷비슷한 수준의 성능을 냅니다. 소비자들은 짠테크 아니면 고가의 한정판으로 몰리는 모순적인 소비를 합니다. 어떤 이유에서든 선택받지 못한다면 존재할 수 없습니다. 병원도 예외는 아닙니다. 일단 환자들 눈에 띄어야 합니다. 치료에 대한 남다른 전문성이 있다 하더라도 고객의 눈에 특별하게 보이지 않는다면 외면받기 십상입니다. 그래서 차별화가 필요합니다.

경영의 대가나 석학들도 경쟁에서 살아남기 위해서는 차별적 우위, 즉 경쟁적 우위를 갖추는 것이 중요하다고 했습니다. 소비자들이 차별점을 보고서 선택하는 것은 어찌 보면 너무 당연한 일입니다. 누구나 다른 것에 주의가 끌리고, 더 보고 싶고, 더 많은 생각을 하게 됩니다. 하지만 '의료'는 신체와 생명을 다

룬다는 점에서 단순히 튀기 위한 차별화만으로 환자의 마음을 움직이는 데에는 한계가 있습니다. 병원이라는 업의 본질을 생각했을 때 현상의 차별화가 아닌 본질의 차별화가 필요합니다. 본질의 차별화는 이 일을 왜 시작했고, 왜 지속해야 하는지를 고민하는 것에서 출발합니다.

화상 전문 병원인 베스티안병원은 '화상으로부터 자유로운 세상을 만들겠다'라는 사명감과 '베스티안을 찾은 화상 환자는 마지막까지 책임진다'라는 각오로 화상 치료의 길을 30년째 걸어오고 있습니다. 베스티안병원의 모태가 된 순화병원이 개원하던 1990년대 초에는 대형 병원에서 화상 환자들을 기피해 마땅한 치료가 쉽지 않았습니다. 게다가 다른 질환보다 환자보다 소외 계층이 많이 포함되어 있었습니다. 이를 안타까워한 김경식 이사장은 '갈 곳 없는 화상 환자를 위한 마지막 병원'이라는 신념으로 화상 환자들이 체계적인 진료를 받을 수 있도록 했습니다. 화상 환자에 대한 편견을 없애는 인식 개선 사업과 화상 예방 사업도 함께하며 사회적 책임을 다해왔습니다.

1990년 서울외과로 출발해 세계 최고 대장항문 전문 병원을 목표로 어느덧 33년이 된 대항병원은 환자를 최우선으로 생각하는 환자 중심의 병원입니다. 이 사명을 이루기 위해 대항병원은 2006년부터 의료 질 향상 전담팀을 구성하여 환자 안전과 의료 서비스 향상 활동을 지속해 왔습니다. 이에 의료진은 국내외 각종 학술 대회와 연수 참여 등 활발한 연구 활동을 계속해서 펼치고 있습니다. 슬로건으로 'Patient First'를 제시하면서 친절과 배려로 환자를 대하고 자세한 설명과 따뜻한 말로 치료를 넘어 마음까지 치유하는 환자 중심의 병원을 만들겠다는 포부를 밝히고 있습니다.

1982년 이상호 신경외과의원으로 시작한 우리들병원은 뉴스위크가 선정한 '2023 세계 최고 스마트 병원'(World's Best Smart Hospitals 2023)에 2년 연속 100대 순위권에 진입하며, 세계 유일의 척추 전문병원으로 이름을 올렸습니다. 개원 이래 40년 동안 척추 한 분야만을 집중적으로 연구, '어떻게 하면 내 환자가 덜 아프게, 덜 째고, 덜 피나게 수술하여 정상일 때와 똑같이 서고, 걷고, 뛰게 할 수 있을까?'를 최우선적으로 생각하며 환자가 덜 고생하는 수술법과 노하우를 개발했습니다. 그 결과 세계적인 척추 전문 병원으로 자리 잡았고, 내시경 디스크 시술을 표준 수술의 반열에 올려놓았습니다.

대전의 선병원은 '우리를 찾는 모든 이에게 언제나 제약 없이 최선의 진료를 제공한다'라는 미션을 바탕으로 1966년 선정형외과의원으로 첫발을 뗀지 50년의 역사가 흘렀습니다. 환자가 원하는 것이 무엇인지 파악해 이를 해소하고, 환자를 배려하는 마음이 문화가 되는 병원이 되고자 했습니다. '배려, 열정, 절제'를 핵심 가치로 두고 병원의 목적과 해야 할 일을 확고

하게 한 결과, 작은 지방 병원이지만 국내 최초로 유럽에 병원 시스템을 수출하고 이어 여러 나라 의료 관계자의 러브콜을 받는 브랜드로 성장했습니다.

'비만 하나만'이라는 슬로건으로 20년 동안 집중해온 365MC는 지방흡입 수술이 부담스러운 환자를 위해 지방흡입 주사를 독자적으로 개발했습니다. 지방흡입이라는 본질은 지키고 간단함으로 고정 관념을 뒤엎는 발상이 더해진 치료법입니다. '비만으로부터 인류를 자유롭게 하겠다'라는 미션을 갖고서 진료를 차별화하기 위해 새로운 도전과 혁신의 가치를 유지했습니다. 그 결과 지방세포 제거 시술로만 매년 무서운 성장률을 달성하고 있습니다.

위의 병원 사례들처럼 궁극적인 차별화는 피상적인 다름이 아니라 업의 본질을 지켜나가는 열정과 신념이 있을 때 가능합니다. 이럴 때 환자에게 신뢰를 주고 브랜드의 영속성을 획득할 수 있습니다. 기능적인 차이는 경쟁 병원이 금방 따라잡을 수 있습니다. 하지만 사람들 머릿속에 '각인' 되어 인식의 차이가 발생하기 시작하면 금방 따라 하기가 어렵습니다. 그래서 마케팅은 인식의 싸움이라고도 합니다. 경쟁사가 따라 할 수 없도록 '나다움'으로 다르게 인식하도록 하는 것이 진짜 차별화이며 브랜딩입니다.

오늘 이야기 정리해보겠습니다. 브랜드가 있는 병원 하면 어떤 병원이 떠오르나요? 대학병원 타이틀을 가진 병원? 광고를 많이 해서 인지도가 높은 병원? 이름이 특이한 병원? 아닙니다. 좋은 브랜드로 오랫동안 살아남은 병원은 단순히 로고나 디자인, 상표 그 이상의 훨씬 복잡한 의미를 지니고 있습니다. 한마디로 좀 더 본질적이고 철학적이라 마치 사람의 캐릭터 같습니다.

개원을 준비 중이거나 개원 후 여러 가지 문제를 마주하는 상황에서 병원장님은 반드시 나다움을 고민하고, 이를 병원의 브랜드(병원다움)로 녹여내도록 해야 합니다. 브랜드가 모든 의사결정의 중심이 되고 병원을 움직이는 중심축이 될 때 소중한 생명을 다루는 의사로서도, 병원 경영을 책임지는 경영자로서도 행복할 수 있습니다.

2

브랜딩을 위한
컨셉 도출하기

원장님의 나다움 찾기를 성공적으로 마쳤다면, 이제 우리 병원에 잘 적용하는 것이 필요하다. 이는 우리 병원의 비전과 철학에서부터 병원 이름 나아가 병원의 인테리어에까지도 연결된다. 한마디로 우리 병원의 스피릿(정신, 혼)이라고 할 수 있다. 이를 다른 말로 '컨셉'이라고 한다.

우리는 앞 장에서 브랜드란 병원의 설립자인 병원장님의 자기 다움에서 시작해서 이를 병원 전체로 확장해 일종의 병원다움을 만드는 것이라고 했습니다.

다시 한번 강조하지만, 브랜드는 병원의 존재 이유이자 고유한 정체성입니다. 또한 우리 병원을 타 병원과 구분할 수 있는 일종의 장치입니다. 그래서 병원 브랜드를 구성하는 요소에는 여러 가지가 숨어 있습니다. 비전과 철학은 기본이고 병원 이름과 슬로건 같은 언어적 요소 그리고 로고, 심벌, 공간 디자인 등과 같은 시각적 요소도 포함되고 심지어 병원의 향기, 분위기, 직원들의 행동이나 말투, 고객이 경험하는 진료 순서까지도 모두 브랜드 구성에 해당됩니다. 이 모든 요소들이 모일 때 병원의 특정한 이미지가 형성됩니다. 그리고 이 이미지가 긍정적인 의미로 다름이 되면 이는 누구도 따라할 수 없는 경쟁력이 됩니다.

병원 브랜딩의 기초, 컨셉 도출하기

브랜드 컨셉이란 한 마디로 브랜드 정체성(아이덴티티)의 '핵심 정보'라 할 수 있습니다. 브랜드 컨셉은 브랜드 정체성을 압축적으로 보여주는 것이며 향후 네이밍, 디자인, 커뮤니케이션 등에 있어서 방향성을 제시합니다. 즉, 브랜드 아이덴티티의 정수만을 응축하여 옮겨 놓은 핵과 같습니다. 따라서 컨셉은 명확한 병원 정체성에 기반해 많은 고민과 심도 있는 분석으로 도출해야 합니다. 그래서 컨셉을 잡는 일은 언제나 어렵습니다. 그런데 어떤 원장님은 브랜드 컨셉을 금방 뚝딱하고 만들 수 있는 것으로 생각합니다. 혹은 눈에 톡톡 튀는 것이 좋다고 생각하기도 합니다. 그런데 컨셉은 광고 카피도 아니고, 필요하면 언제라도 바꿀 수 있는 슬로건도 아닙니다.

제가 컨설팅했던 모내과의 원장님은 자기다움 워크샵을 통해 강점, 가치관, 진료 철학 등을 통합적으로 담아 '참답다'를 도출했습니다. 원장님의 나다움에서 비롯된 '참다움'은 병원의 이름은 물론 미션, 커뮤니케이션, 디자인에 이르기까지 여러 가지 것들의 핵심적인 기준 역할을 했습니다. (참다움이라는 컨셉 자체가 병원 명 즉, 브랜드 명이 되는 경우도 있습니다. 이 경우 컨셉과 이름이 같기 때문에 브랜드를 고객들에게 알리기가 더 쉽습니다.) 참다움의 가치는 '고통받는 사람이 없는 참다운 세상'이라는 미션으로 승화되고, 진료 시스템은 '참다운 진단, 참다운 검사, 참다운 서비스, 참다운 치료'로 구체화되어 '올바르고 진실되게 진료하겠다'는 브랜드의 소명 의식으로 연결됩니다. 여기에 심볼은 정 배열 형태로 해서 정직하고 공정성 있는 이미지를 연출합니다. 이처럼 컨셉은 전방위적으로 브랜드를 구체화하는 중심 기둥이 되고, 진료부터 마케팅까지 다양한 활동의 방향성과 허브 역할을 합니다.

개원을 앞둔 원장님에게 병원의 브랜드 컨셉을 정하는 일은 특히 중요합니다. 이후 이어질 모든 활동의 출발점이 되기 때문입니다. 그래서 어떤 컨셉을 가진 병원이 될 것인지 고민하고 분석하는 작업은 개원 준비에 있어서 가장 기본적이고 필수적인 과정입니다. 그리고 이미 개원을 하신 원장님에게는 다시금 병원의 방향을 바로잡아 줄 소중한 기회가 됩니다. 이 밖에도 공동 개원으로 경영자가 여러 명인 경우 서로의 공감대를 다시 한번 점검하는 기회로도 삼을 수 있습니다.

컨셉은 어떻게
만들어지는가?

컨셉은 즉흥적으로 쉽게 도출되어서는 안 됩니다. 혹은 트랜드만 추종해서도 안 됩니다. 차별화하겠다고 톡톡 튀는 아이디어가 컨셉이 되는 것도 아닙니다. 이런 요소가 중요하지 않다는 것은 아니지만 이것이 기업 철학이나 소비자 니즈보다 우선이 되어서는 안 됩니다.

병원의 컨셉은 '창업자의 자기다움'과 4C 분석(환경, 경쟁사, 자사, 고객)이 결합되어 도출됩니다. 이를 위해 원장님의 강점 분석과 자기를 들여다보는 워크샵은 필수입니다. 그런데 이렇게 해서 발견된 나의 오리지널리티는 지극히 주관적입니다. 따라서 아직 다듬어지지 않은 자기애와도 같습니다. 그래서 환경 요소, 고객 요소, 경쟁 요소, 자사 요소 등의 시점으로 객관적인 분석 과정이 필요합니다. 그래야만 타인에게도 가치 있는 결정체로 거듭날 수 있습니다.

맨 먼저, 환경(Circumstance) 분석은 병원이 처한 현재의 환경적 요소를 말합니다. 경제, 사회, 문화, 산업, 라이프스타일의 변화를 포함한 지금의 트렌드는 무엇인가? 이를 통해 발견할 수 있는 새로운 가치는 무엇인가? 입니다. 다음은 경쟁사(Competitor) 분석입니다. 우리의 경쟁 상대는 누구이며 이들의 강점과 약점은 무엇인가? 이들과 우리를 차별화할 수 있는 가치는 무엇인가? 를 정의합니다. 세 번째는 자사(Company) 분석 즉, 우리 병원에 대한 분석입니다. 우리 병원이 계속 유지해야 하는 가장 중요한 가치는 무엇인가? 에 대한 질문입니다. 마지막 네 번째는 고객(Customer) 분석으로 환자에 대한 분석입니다. 우리 병원의 고객은 누구이며 그들의 필요와 요구는 무엇인가? 우리 고객에게 꼭 필요한 가치는 무엇인가? 를 물어봅니다.

좋은 컨셉이란
본질로부터

이제 질문에 대한 답을 모두 모아 공통된 요소끼리 그룹핑하고, 불필요한 것은 제거하는 과정을 거칩니다. 그러면서 우리 병원을 대표하는 하나의 강점 키워드로 좁혀 나갑니다. 그리고 원장님의 '나다움'과 비교해 가장 근접하고 의미적으로 공통적인 것을 찾아 하나의 정체성으로 통일시킵니다.

이렇게 도출된 키워드를 가운데에 두고 좌우로 뼈대를 붙여 브랜드 아이덴티티를 보다 구체화합니다. 위에서 언급한 '참다움'이 컨셉인 병원의 예를 들어보면, 우리 병원의 존재 이유가 되는 브랜드 미션과 비전, 핵심 가치, 행동원칙, 슬로건 등을 다음과 같이 뽑을 수 있습니다.

- 미션(세상에 존재해야 할 이유): 아픈 사람들을 올바르고 제대로 돕기 위해
- 비전(우리가 그리는 우리의 모습): 예방의학과 통합 맞춤 치료를 실천하는 병원
- 핵심 가치(생각과 행동의 기준이 되는 것): 정직, 정확, 정도
- 행동 원칙(가치를 실천하기 위한 구체적인 행동): 환자의 말은 끝까지 듣고 소통합니다. 증상이 아닌 원인을 찾기 위해 한 번 더 확인합니다. 환자가 자신의 건강 관리에 참여하도록 구체적으로 설명합니다.
- 슬로건(브랜드 약속): 제대로 치료합니다.

특히 고객에게 제공하려는 가치를 담은 한 문장의 슬로건은 고객과의 커뮤니케이션을 돕고 마케팅 슬로건으로 사용될 만큼 활용도가 높습니다. 이렇게 하면 병원이 주는 브랜드의 이미지와 고객의 경험이 일치되면서 하나의 온전한 브랜드의 모습을 이룹니다.

통상 이 과정은 워크샵을 통해서 병원장과 직원들이 함께 하는 것이 좋습니다(사실 이 과정이 꽤나 어렵습니다. 병원장님 혼자 개인으로 진행하기는 어렵고, 전문적으로 도와주는 교육 기관들이 있습니다. 이를 활용하는 것이 좋고 병원 브랜딩을 전문적으로 담당하는 컨설팅사에 의뢰해도 좋습니다). 병원장 혼자서 이 작업을 진행할 경우, 자칫 탑 다

운이 되어 직원들로부터 호응을 얻기 어려울 수 있습니다. 만약 개원하기 전이라면 혼자서 결정하거나, 개원에 참여하는 관계자들과 함께 하는 것이 좋습니다. 혼자서 결정했다 하더라도 직원들이 채용된 다음에는 워크샵 과정을 통해서 직원들과 이 과정을 한 번 더 거치는 게 좋습니다(2부에서 자세하게 다룹니다).

이렇게 정해진 컨셉은 모든 관점에서 체계적이고 전략적으로 활용되어야 합니다. 일관성 있게 흔들림 없이 밀고 나가야 한다는 것을 뜻합니다. 그래야만 비로소 하나의 브랜드가 온전히 자기다워지는 힘이 생깁니다. 반면 이런 과정 없이 만들어진 컨셉은 해변에 쌓은 모래성처럼 몇 번의 파도에도 쉽게 무너지고 맙니다. 바꾸어 말하면, 컨셉은 오랫동안 끌고 나갈 수 있는 나의 진짜 모습이어야지, 특정한 어떤 이미지가 좋아보인다고 해서 흉내 내서는 안 된다는 것을 뜻합니다. 실제로도 몇몇 병원에서 기존의 브랜드가 마음에 들지 않는다며 다른 병원의 브랜드를 본따 황급히 컨셉을 바꾸는 모습을 많이 보았습니다. 이는 매번 경쟁자 눈치를 보다 불안한 나머지 내 모습은 안중에도 없고 남들을 따라하기 바쁘거나 그저 좋아 보인다는 이유로 이리저리 갈아타는 것과 같습니다. 그렇게 되면 아무런 이미지도 만들지 못하는 병원이 됩니다. 컨셉 없는 병원의 슬픈 결말입니다.

정리해보겠습니다. 컨셉은 브랜드의 핵심이기 때문에 병원의 존재 목적입니다. 따라서 컨셉은 탄탄한 근거와 진실이 바탕이 되어야 지속될 수 있습니다. 그렇다면 이를 위해 우리는 어떤 노력을 해야 할까요? 무엇보다 그 누구의 것이 아닌 우리의 것에서 시작해야 합니다. 단지 좋아 보인다는 이유로 남의 컨셉을 흉내내거나, 차별화 강박증에 빠져 사실이 아닌 튀는 연출로 환자를 속이는 것은 피해야 합니다. 우리가 가진 본질에서 출발해야 한다는 것을 잊어서는 안 됩니다. 그래야만 포장만 그럴싸한 차별화가 아닌 진정한 차별화가 될 수 있습니다.

3

컨셉을 반영한
병원 이름(브랜드 네임) 정하기

병원 이름 곧, 브랜드 네임을 짓기 위해서는 몇 가지 고려해야 할 포인트가 있다. 병원의 컨셉을 잘 구현한 이름이어야 하고, 여러 의미를 포괄하는 대신 꼭 기억해야 할 한 가지를 강조하는 이름이어야 한다.

만약 새롭게 개원하는 분이라면 컨셉을 도출한 후 병원 이름 짓기를 시작해야 합니다. (이미 개원한 병원장님이라면 브랜드 리뉴얼 관점에서 이번 꼭지를 읽어보면 좋겠습니다.)

병원 이름은 브랜드의 첫인상으로 정체성을 나타내는 가장 중요한 요소입니다. 좋은 병원 이름은 그 자체만으로도 광고 효과가 생기고 환자들이 기억하는 데 도움을 줍니다. 이는 브랜드 컨셉을 도출하고, 브랜드와 관련된 항목들(미션, 비전, 핵심 가치, 슬로건 등)을 정하면서 동시에 진행될 수도 있고, 이름을 정한 다음 브랜딩 관련 항목들을 뒤이어 정리할 수도 있습니다.

어떻게 하면 좋은 병원 이름을 만들 수 있을까요? 혹자는 무조건 눈에 띄는 이름이 좋다고 말합니다. 그러면서 따뜻하게 지어라, 순 우리말로 지어라, 기억하기 쉽게 지어라, 라고 말합니다. 하지만 이런 의견은 네이밍 요건에 만족하는지를 확인하는 체크리스트 정도로만 활용하면 됩니다. 그리고 출신 학교나 지역명을 병원 이름으로 사용하는 예도 많은데, 이제는 너무 흔해서 경쟁력이나 차별성으로 연결되기 어렵습니다. 그렇다면 어떤 이름이 가장 좋은 걸까요? 결론부터 말씀드리면 "우리 병원다운 이름"입니다. 여기서 핵심은 "우리 병원다운"(병원다움)입니다.

앞에서 컨셉 얘기를 한참 했습니다만, 결국 우리 병원다움을 발견하고, 병원다움을 잘 표현하는 이름이 가장 좋은 브랜드 네임이고 가장 좋은 이름입니다.

병원 브랜드
네이밍의 3단계

사실, 네이밍 자체만으로도 엄청나게 커다란 작업이 될 수 있습니다. 실제로 큰 기업에서는 꽤 많은 비용을 주고 전문 업체에게 네이밍 프로젝트를 맡기기도 합니다. 하지만 이제 막 개원을 하는 병원장님 입장에서 별도의 비용까지 써가면서 이름을 짓기에는 아무래도 무리가 따릅니다.

한 번 더 강조하지만 병원장으로서 앞으로 어떤 진료를 펼쳐 나갈지 '나다움(존재 이유)'을 찾고, 이를 병원다움으로 격상시킨 다음, 컨셉으로 정리하고, 이 컨셉을 가장 잘 표현하고 기억에도 잘 남도록 하는 정하는 과정이 가장 좋은 네이밍 법입니다.

하나씩 해보겠습니다. 맨 먼저 후보 만들기입니다. 이미 브랜드 컨셉 단계에서 4C 분석을 하면서 나왔던 우리 병원의 컨셉과 우리 병원이 들어가야 할 시장 등을 다시 한번 상기해 봅니다. 예를 들면, 핵심 컨셉에 의미를 포함하는 방법도 있고(동대문 아침 내과, 참 좋은 내과, 사람과 사람 내과 등), 핵심 진료 과목이나 특화된 기술 등을 표현하기도 하고(ABA Above all, 세 가지 약속 내과, 콕콕 내과, 편안한 내과), 병원의 철학이나 환자를 대하는 태도(참다운 내과, 정다운 내과, 모두의 내과, 참된 내과) 등을 표현하는 방법도 있습니다. 영문이나 한글 등으로 바꿔 보고, 새롭게 조합도 해보는 등 다양하게 이름을 만들어 보는 것이 중요합니다. 이때 잊지 말아야 할 것은 우리 병원의 컨셉을 잘 전달하느냐 마느냐입니다(이름에 대한 아이디어는 어학 사전이나 위키백과 등을 이용하면 좀 더 다양하게 얻을 수 있습니다).

이름을 지을 때 한 가지 주의할 점은 의료기관명은 의료법 기준에 맞아야 한다는 것입니다. 의료법 제42조와 시행규칙 40조(의료기관의 명칭)에서는 의료 기관의 종류, 즉 의원·한의원·치과의원·병원·종합병원·한방병원·요양병원 이름 앞에 '홍길

동' 같은 고유 명사를 쓸 수 있도록 허락하고 있습니다만, 질환명과 비슷한 말은 사용할 수 없게 규제하고 있습니다. 예를 들면 디스크, 탈모, 치질, 아토피, 비만 등 입니다. 그리고 무릎, 위, 간, 대장과 같은 신체 부위도 허락하지 않습니다. 그래서 병원들에는 자신들의 진료 분야를 특화해서 표기하고자 할 때 척척, 측추, 탐모, 탈모드, 상쾌한장문, 모커리, 무르프, 유박, 목과슴과 같이 변형해서 병원 이름을 짓기도 합니다.

후보를 정했으면 하나씩 검토하는 단계입니다. 네이버, 구글, 인스타, 유튜브 등에서 하나씩 검색을 해봅니다. 예전에 저는 개원 병원의 네이밍 업무를 의뢰받고 오랜 고민 끝에 뽑은 이름이 있었는데, 포털 검색을 해보니 같은 이름의 웹툰이 있어 결국 사용하지 못한 적이 있습니다. 이처럼 검색을 통해 유사한 것이나 검색에 혼란을 줄 만한 다른 이름이 있는지 꼭 확인해야 합니다. 그리고 너무 흔한 이름이면 검색시 상위 노출이 어려워지는 문제도 있습니다. 따라서 검색했을 때 가능하면 같은 이름의 병원이나 다른 유명한 무엇이 없는 게 제일 좋습니다. '아름다운 치과'를 검색해보면 지역만 다를 뿐 똑같은 이름의 치과가 수십 곳이 나옵니다. 이렇게 흔한 이름은 포털에서의 검색 상위 노출을 차지하기도 힘들고, 도메인 주소를 차별화해서 짓기도 어렵습니다.

네이밍 후보가 한두 개로 좁혀졌으면, 이제 저작권(상표권) 검토를 통해서 법적으로 보호받을 수 있는 이름인지 아닌지를 따져보아야 합니다. 상표는 특허청에서 나만 사용할 수 있게 권리를 보호해주는 것으로 반드시 등록 가능 여부를 확인해야 합니다. 혹 이미 등록된 상표를 병원 이름으로 할 경우, 자칫 법적 분쟁에 빠질 수도 있습니다. 상표 등록 여부를 검색하는 키프리스(kipris.or.kr)를 통해 꼭 체크해 봅니다. (상표는 특허청에 등록함으로 생기는 권리로 모든 상품과 서비스를 45개 카테고리로 나누어 놓고, 이 정한 상품의 범위 내에서만 상표권이 생기게 됩니다. 이 카테고리를 분류라고 하며 의료는 44류에 해당이 됩니다. 관련해서는 변리사를 통하면 좀 더 정확한 의견을 들을 수 있고 상표 등록 대행 서비스를 의뢰할 수도 있습니다.)

마지막으로, 도메인 등록 서비스를 대행하는 후이즈, 가비야 등의 사이트를 통해서 쓰고 싶은 도메인 주소를 사용할 수 있는지 확인합니다. 요즘에는 .com 주소는 사실상 구하기 힘들고 .co.kr 이거나 좀더 짧은 .me .kr를 이용하기도 합니다. 최근에는 후자의 선호가 좀 더 높은 편입니다.

상표 등록 여부까지 검토하여 최종 후보를 걸러냈다면, 아래 체크리스트로 다시 한 번 최종 점검을 합니다.

- 브랜드의 컨셉과 이미지를 전달하는가(의미적)

- 타브랜드와 차별되며 참신한가

- 동일검색 유사검색에 문제가 없는가

- 발음하기 쉬운가, 길이나 음감이 어떠한가(청각성)
- 기억하기 쉬운가
- 가독성이 좋고, 매력적인 로고타입으로 제작이 가능한가
- 상표 등록이 가능한가(소유권)
- 들었을 때 다른 무언가로 착각할 만한 이름은 아닌가

브랜드 네이밍
사례

다음은 병원의 정체성을 잘 담은 몇 가지 브랜드 사례입니다. 여성 암환자를 위한 느루요양병원은 핵심 단어로 '느루'를 선택했습니다. 느루는 '한꺼번에 몰아치지 아니하고 오래도록'이라는 뜻을 가진 순우리말입니다. 항암이라는 길고 힘든 여정에서 든든한 힘이 되는 동반자가 되겠다는 병원의 철학과 존재이유를 담은 이름입니다. 나누리 병원은 '나눔'을 설립 이념으로 바른 진료, 학술 연구, 글로벌, 나눔 정신, 직원 행복 이렇게 5대 목표를 이루고 나누겠다는 의미를 이름에 담았습니다. 또 4월31일 성형외과의 경우에는 달력에 없는 4월 31일을 이름으로 정해 고객이 성형으로 다시 태어나는 제2의 탄생일을 기억할 수 있도록 했습니다. 똑같아 보이는 성형 미녀를 지양하고, 나의 매력과 가치를 새롭게 탄생시킨다는 메시지를 간접적으

로 표현한 것입니다. 81도 교정치과는 가장 아름다운 옆모습 각도인 81도가 이상적인 얼굴의 기준이라는 얼굴 과학에 근거해 얼굴까지 생각하는 치료를 추구한다는 가치를 드러냈습니다. 으랏차차 한의원은 힘찬 기운을 이름으로 재미있게 표현했습니다. 기력, 피로, 회복 등 에너지 보강의 생활 밀착형 진료 철학을 단순하면서도 명확한 컨셉으로 전달하였습니다.

정리해보겠습니다. 병원 이름을 짓는데 정답은 없습니다. 옳고 그른 병원 이름이란 더더욱 없습니다. 그렇기 때문에 모든 사람을 만족시키겠다고 해서 이름 하나에 모든 것을 담으려 하기 보다는 가장 중요한 컨셉 하나를 담는 것이 브랜드 차원에서 좀 더 의미가 있습니다. 그런데 이렇게 짓다 보면 다른 잘 나가는 병원보다 우리 이름이 뭔가 부족해 보이고 평범하게 느껴질 때가 있습니다. 하지만 앞에서도 수차례 말씀드렸지만 이름(브랜드)에는 컨셉이라고 부르는 스토리와 메시지가 있습니다. 그러니 개인적인 시선에서 마음에 든다 안 든다를 판단하기보다는 우리 병원의 병원다움을 잘 녹여냈느냐 아니냐를 따지는 것이 더 현명한 이름 짓기입니다.

4

브랜드 디자인 하기
(로고, 서체, 컬러)

SNS를 통해 이미지 중심의 커뮤니케이션이 빈번하게 이뤄지는 요즘, 디자인의 중요성은 과거 어느 때보다도 중요하다. 브랜드 디자인의 구성 요소인 로고, 서체, 컬러는 개인의 기호나 취향이 아닌 우리 병원의 정체성을 잘 설명해주는 것이어야 한다. 그리고 정해진 디자인은 하나의 규약처럼 전 직원이 가이드 라인을 지켜서 사용해야 한다.

A 병원을 방문했을 때입니다. 간판과 입구, 카운터, 대기실 분위기가 무척이나 화려했습니다. 한눈에 봐도 상위 1%를 표방하는 프리미엄 브랜드의 이미지가 드러났습니다. 그런데 원장님을 뵙고는 깜짝 놀라고 말았습니다. 원장님이 건네준 브로슈어가 병원의 브랜드 이미지와는 너무 동떨어져 있었습니다. 알고 보니 브로슈어는 인테리어 회사에서 무료로 만들어주었다고 했습니다.

내원하는 환자와 보호자는 광고, 홈페이지, 간판, 주차장, 병원 입구, 데스크, 대기실 등 진료 서비스 외 다양한 공간에서 병원의 브랜드를 경험합니다. 또한 유니폼이나 명찰, 각종 서

식류와 고객 카드, 진료 안내 책자 등을 통해서도 경험합니다. 고객들이 이 모든 것을 기억하는 것은 아닙니다. 하지만 내원하고 기다리고 진료받는 과정에서 자신도 모르는 사이에 브랜드 이미지(디자인)를 경험합니다. 그런데 앞에서 예를 든 것처럼 병원의 분위기와 브로셔 디자인 느낌이 매우 이질적이면 어떻게 될까요? 우리 병원만의 고유한 이미지가 느껴질까요? 그렇지 않을 것입니다. 브랜드 이미지는 여러 과정을 통해 얻게 되는 연상의 합입니다. 따라서 주고자 하는 브랜드 이미지와 고객이 경험하는 이미지가 일치해야 합니다.

비슷한 수준의 진료 서비스와 가격대를 갖고 있는 두 병원을 경험한다고 가정해 보겠습니다. A병원은 간판과 데스크, 대기실 등에서 제각각 일관되지 않은 디자인을 갖고 있습니다. 그래서 뭔가 어수선한 느낌이 가득합니다. 반면 B병원은 간판, 데스크, 대기실, 유니폼, 명찰 등이 특정 (디자인)패턴과 한두 가지 색깔로 통일되어 있습니다. 고객은 어느 병원을 더 오랫동안 기억할까요(특정한 시각적 단서를 주는 곳은 어디일까요)? 당연히 B병원입니다.

브랜드 디자인은 우리 병원다움을 명확하게 표현하고 환자가 느낄 수 있도록 하는 장치입니다. 그래서 개원 전부터 병원의 아이덴티티를 표현할 수 있는 디자인 요소를 개발하고 어떻게 구현할지 미리 전략을 세우는 것이 중요합니다(차별성). 그리고 360도 전 방향에 걸쳐 고객에게 단일한 병원 브랜드 이미지를 심어주는 게 필요합니다(일관성). 그런 다음 이를 광고 매체에 활용하거나 병원 내에 다양한 요소에 사용해야 합니다(반복성). 그럴 때 고객은 이 병원은 다른 곳과 이렇게 다르구나, 하는 차이를 인지합니다.

디자인은
브랜드를 발견하게 해준다

일부 원장님은 브랜드 디자인과 로고의 중요성을 대수롭지 않게 보고 최고 수준의 진료와 친절한 서비스면 충분하다고 생각하기도 합니다. 병원의 실력을 보여주고 환자들로부터 인정을 받는 데, 본질은 진료이지 디자인이 뭐가 중요하냐고 말하는 원장님도 있습니다. 그리고 이미 만들어 놓은 디자인을 다시 바꾸는 것은 힘들다고 말하시는 분도 있습니다. 하지만 현실은 다릅니다. 상급 병원이 아닌 이상 진료 실력의 평준화는 이미 누구나 인정하는 바이고, 오히려 서비스나 디자인(인테리어) 같은 것으로 차별화에 성공한 사례가 많아지고 있습니다. 그리고 이미 정해진 브랜드 디자인이 있다 하더라도 얼마든지 리뉴얼이 가능합니다. 다만 파격적으로 바꾸기보다는 조금씩 리뉴얼을 하는 게 좋습니다.

그러면 디자인 리뉴얼은 언제 필요할까요? 성장이 정체되었거나 고객의 라이프스타일, 니즈 등의 변화가 있을 때 필요합니다. 리뉴얼은 무조건 디자인만 새롭게 바꾸는 것이 아닙니다. 브랜드 방향과 전략이 더 돋보여야 의미가 있습니다.

제가 컨설팅을 진행한 모 병원의 경우 유행이 한참 지난 영문 폰트와 이것저것 기준 없이 사용되는 서체 등으로 병원의 일관된 이미지를 나타내기 어려웠습니다. 그래서 본질은 지키되 가치는 더욱 높이는 방향으로 리뉴얼을 시작했습니다. 최고를 지향하겠다는 의지는 위로 향하는 곡선, 앞으로 나아가겠다는 정진의 의미는 좌에서 우로 향하는 화살표, 이런 요소들을 로고에 반영했습니다. 그리고 어느 곳에서나 같은 이미지와 같은 서체를 사용하도록 기준을 정했습니다. 이렇게 통일되고 일관된 디자인을 담았더니 브랜드 방향이 더 명료해지고, 가시성이 좋아졌습니다.

브랜드를 표현하는 디자인이라고 하니 어디서부터 어떻게 시작해야 할지 헷갈릴 것 같지만 로고, 서체, 컬러 이 세 가지만 확실히 기억하고 이것만 흐트러지지 않도록 한결같이 쓴다고 생각하면 됩니다. 지금부터 하나씩 설명해 드리겠습니다.

브랜드 디자인을 대표하는
로고(Logo)

브랜드 디자인은 무엇보다 병원다움이라는 우리의 컨셉을 잘 담아야 합니다(네이밍에서도 이를 잘 반영해야 하지만 디자인에서도 마찬가지입니다). 이를 도외시하고 원장님의 개인 취향이나 최신 유행을 따라 하는 것은 바람직하지 않습니다. 전략이 없는 디자인은 예쁜 것, 그 이상도 그 이하도 아닙니다. 또 로고만큼 대중적으로 호불호가 분명하게 갈리는 것도 없습니다. 그래서 로고를 보여주면 언제나 긍정적인 반응과 부정적인 반응이 동시에 존재합니다(사람마다 디자인을 보는 취향은 다릅니다). 그래서 좋은 로고, 안 좋은 로고가 아닌 우리 병원다운 로고를 개발하는 것이 중요합니다.

모 치과 로고를 개발했을 때의 일입니다. 네트워크 병원이었고 의사결정을 위한 위원회 멤버가 10명이나 되는 대형 규모의 치과였습니다. 기존에 쓰던 로고가 있었지만 최신 트렌드 관점에서 보면 촌스럽게 여겨졌습니다. 무엇보다 지점마다 사용하는 기준이 달라 통일성도 갖고 있지 못했습니다. 제가 막 컨설팅을 시작했을 때, 이미 다른 업체를 통해 로고 시안을 다섯 개나 받았지만 모두 의견이 달라 최종안을 정하지 못하고 있었습니다. 저는 리브랜딩을 위한 로고 제작의 목적부터 물어보았습니다. 지점이 많다 보니 로고 글자는 같지만 조금씩 다른 로고 디자인을 사용하고 있고, 전반적으로 세련되지 못해 브랜드로서 가치가 떨어진다고 했습니다. 일단 가장 큰 목표를 지점마다 다르게 활용되는 로고의 대표성 정하기에 두었습니다. 그렇게 해서 브랜드 인지도를 높이는 것이 1차 목표였습니다. 이렇게 목표를 정해두었지만 디자인 결과물을 보는 원장님들의 의견은 모두 제각각이었습니다. 글자가 굵다 아니다, 더 굵어 묵직해서 좋다, 요즘은 이런 묵직한 분위기 안 좋아한다, 색깔은 원색이 좋다 아니다, 베이직 톤이 예쁘다 등 각자의 디자인 취향과 선호에 따라 호불호가 나뉘어졌습니다. 이렇게 의사결정권자가 여럿이면 선택은 더욱 어려워집니다. 저는 준비한 시안을 가지고서 왜 이 디자인일 수밖에 없는지, 브랜드 스토리에 기반해서 설명했습니다. 우리의 병원다움을 비주얼적으로 얼마나 잘 표현했는지 피력하고, 가장 예쁜 디자인을 선택하는 것이 아니라 가장 우리 병원다운 것을 선택해야 한다고 설득했습니다.

로고는 브랜드를 대표하는 상징으로 얼굴과도 같습니다. 사람들은 단어보다 그림이나 사진을 더 잘 기억합니다. 그래서 브랜드 이름을 듣고 로고나 심볼을 연상하기도 합니다. 로고는 서체, 컬러, 심볼 등을 포함한 문자와 이미지의 조합으로 이루어져 있습니다. 따로 정해진 형식이 있는 것은 아닙니다. 워드

(글자)만 적용하기도 하고, 순수하게 심벌만 쓰기도 합니다. 여기서 유의할 점은 로고 크기가 작더라도 뚜렷하게 남을 수 있어야 한다는 것입니다. 따라서 컬러 수를 제한하고 너무 디테일한 디자인은 피하는 것이 좋습니다. 로고의 성공 여부는 우리 고객이 얼마나 빨리 인지하는지, 그 의미를 얼마나 쉽게 이해하는지에 달려있습니다.

로고는 PC, 테블릿, 핸드폰 등에서도 쓸 수 있는 다양한 버전을 갖고 있어야 합니다. 즉, 어떤 곳에서는 로고만, 어떤 곳에서는 로고와 그 아래 이름 텍스트(이를 '태그라인'이라고 함), 이런 식으로 여러 가지 버전을 미리 만들어 두는 것이 중요합니다. 최근에는 로고 교체가 용이한 플랙서블 로고를 활용하기도 합니다. 그러면 로고를 활용한 유머러스한 표현도 가능합니다. 구글이나 네이버가 특정 날짜나 기념일마다 로고를 변형해서 사용한 것을 본 적이 있을텐데, 플랙서블 로고는 병원의 개성을 표현하고 환자들에게 좀 더 친근하게 다가가는 효과를 줍니다.

브랜드 개성을 나타내는
서체(Font)

글꼴마다 감정과 의미가 다르게 전달됩니다. 요즘은 대기업들이 자신들만의 서체를 만들어서 디자인 아이덴티티를 높여 브랜드 독창성을 강조하기도 합니다. 현대카드는 브랜드 차별화를 위해 서체부터 개발했습니다. 그리고 이를 활용하여 다양한 카드 디자인을 시도했습니다. 서체를 디자인 전략의 실현이 아니라 브랜드 철학의 실현으로 본 사례입니다. 배달의민족은 자신만의 브랜드 정체성을 만들면서 키치한 느낌과 감성을 담으려 했습니다. 1970~80년대의 키치함을 표현할 수 있는 폰트가 없다고 생각하자 직접 만들어 버렸습니다. 그러고는 누구나 이 서체를 쓸 수 있도록 했습니다.

이처럼 서체만으로도 기업의 정체성이 만들어지기도 합니다. 그러니 함부로 쓸 수도 없고, 섞어서 사용할 수도 없는 것이 서체입니다. 그런데 병원에서는 이런 걸 구분하지 않고, 그때그때 쓰는 사람마다 자기가 좋아하는 서체로 게시물이나 디자인물을 만듭니다. 그러면 일관된 이미지를 주는 데 실패합니다. 물론 정식 서체가 있다 하더라도 워낙 다양한 케이스가 존재하기 때문에 가끔은 갈팡질팡하는 경우가 있습니다. 그래서 내부에 의사결정을 해줄 수 있는 누군가가 있어야 합니다(병원장이나 경영 실장 등이 될 수 있습니다).

차별성을 더 드러내고 싶은 마음에 서체 개발에 직접 뛰어드는 일도 있습니다. 하지만 직접 개발하려면 시간과 비용이 많이 듭니다. 어느 원장님은 저렴한 비용으로 제작해준다는 말만

믿고, 의욕적으로 제작했다가 기존 폰트 업체에서 만든 서체와 유사하다고 판명되어 사용 중지 명령을 받았습니다. 외부 사인 간판이며 홍보물 등을 모두 제작한 상태였기 때문에 사용 허락을 받는 조건으로 거액의 저작료를 지불했습니다. 최근에 재능 마켓 등에서 저렴한 가격에 로고 제작을 해준다고 해서 이를 이용하는 경우도 간혹 있는데, 자칫 저작권 시비가 생길 수 있는 만큼 주의하는 것이 좋습니다.

브랜드의 무드를 담당하는
컬러(Color)

컬러는 이름이나 로고 못지않게 브랜드를 대표하는 중요한 요소 중 하나입니다. 특히 시각적인 차이는 형태보다도 더욱 명확히 해당 브랜드를 떠올리게 하는 힘이 있습니다. 컬러를 적절하게 잘 사용하면 브랜드 인지율을 80%까지 늘릴 수 있습니다. 컬러를 일관성 있게 보여주면 브랜드 이미지가 강력해지고, 고객이 쉽게 기억할 수 있게 됩니다. 네이버의 초록색, 카카오의 노란색, 넷플릭스의 빨간색, 페이스북의 파란색처럼 많은 기업들이 고유 컬러를 사용하는 것도 이런 이유 때문입니다.

컬러 선택 시 제일 중요한 것은 상징성입니다. 메인 브랜드 색상이 있고, 브랜드와 약간 대비되도록 하는 보조 색상이 있습니다. 비주얼 전략가로 활약하는 이랑주씨는 자신의 책『좋아 보이는 것들의 비밀』에서 70:25:5의 비율로 컬러를 구성하는 것이 가장 좋다고 말했습니다. 스타벅스는 70%에 해당하는 기본 색상으로 아이보리나 흰색을 선택했고, 25%에 해당하는 보조 색상으로 갈색을 선택했습니다. 이는 메인 컬러가 도드라지도록 하는 효과를 발휘합니다. 그리고 5% 주제 색상은 녹색으로 브랜드의 이미지를 대표적으로 보여주도록 했습니다.

컬러는 감정적인 느낌을 전달하기도 하고, 브랜드의 무드를 유지하는데도 매우 효과적인 역할을 합니다. 그래서 로고뿐만 아니라 홈페이지, 블로그나 SNS 채널, 병원 근무자들의 유니폼 등에도 브랜드 컬러 톤을 함께 유지하면 좋습니다.

컨셉에 맞는
컬러와 서체를 활용한 사례

마지막으로 제가 컨설팅한 병원 세 곳의 사례를 추가적으로 소개할까 합니다. 브랜드 디자인을 새롭게 하고자 할 때 디자인을 해석하고 채택하는 방안으로 참고하면 좋겠습니다.

먼저 홍조 색소 미용전문 피부과 사례입니다. 이 병원의 고객은 자연스러운 피부 본연의 톤을 갖는 것이 가장 큰 니즈였습니다. 그 톤을 가장 솔직하게 표현할 수 있는 컬러가 관건으로 국내 여성이 가장 선호하는 쿠션 팩트 21호 색상을 메인으로 사용했습니다. 그리고 아침의 생동감을 표현하는 청록색 계열의 리프 민트(leaf mint)를 포인트 컬러로 사용해 건강함과 싱싱함을 담고, 라운드 서체를 개발하여 여성적 부드러움과 곡선미를 강조했습니다.

다음은 피부질환 전문 피부과 사례입니다. 같은 피부과라 하더라도 피부질환을 전문으로 하는 곳이라 메시지를 달리하고자 했습니다. 가려움과 흉터로부터 오는 절망을 희망으로 바꾸겠다는 브랜드 컨셉을 색으로 나타내려 했습니다. 그래서 흉터를 지운 듯 맑고 깨끗한 피부를 표현하고자 화이트(70%)를 메인 컬러로 정했습니다. 그리고 포인트 컬러로는 신뢰감을 줄수 있는 블루(25%)를 미니멀하게 활용하여 담백하고 신뢰도 있는 브랜드 개성을 표현했습니다. 이러한 비율을 매체의 특성과 상황에 따라 균일하게 사용해서 통일된 이미지를 전달하였습니다.

마지막으로 남성전문병원의 사례입니다. 이 경우에는 전문성과 진보가 컨셉의 핵심 키워드였습니다. 그래서 클래식한 신뢰감을 표현하고자 메인 컬러로 블랙을 사용했습니다. 또한 포인트 컬러로 역동성을 표현하기 위해 다이나믹 골드를 사용했습니다. 대조적인 컬러로 강인하고 중후한 이미지를 줄 수 있지만 쎈(?) 느낌이 있어 이를 완화하고자 서체는 라운딩 고딕체를 활용했습니다. 결과적으로 세련미를 주면서도 시각적으로는 안정감과 편안함을 줄 수 있었습니다.

디자인은 컨셉을 담는 그릇입니다. 디자인은 자신의 아이덴티티를 보여주면서 다른 병원과 구별되는 이미지를 만드는 첫 번째 요소입니다. 그래서 너무나도 중요합니다. 게다가 한번 만들어지면 중간에 수정하기도 복잡합니다. 그래서 신중하게 정해야 합니다. 이를 반대로 얘기하면, 초기에 세팅을 잘해 놓으면 그 자체가 브랜드 인지도를 만드는 데 탁월한 효과를 줄 수 있다는 뜻이 됩니다. 브랜드 디자인은 병원의 얼굴입니다. 좋은 디자인이 아니라 전략적으로 설득되는 디자인이어야 합니다. 따라서 즉흥적이거나 싼 것을 추구하기보다는 관련 전문가(전문 디자이너나 관련 컨설팅 업체 등)의 도움을 받아 제대로는 만들어야 합니다.

5

브랜드 컨셉을
강화하는 방법

진료 분야를 특화하는 방법도 브랜딩의 하나다. 하지만 아무나 하지 못한다. 진료에 특화된 실력이 전제되어야 가능하다. 그리고 시장을 보는 안목도 중요하다. 진료 특화에 다양한 아이디어가 결합되어야 특색 있는 컨셉을 지닌 병원 브랜드로 발전할 수 있다.

지금까지 브랜딩에 필요한 기본 요소들 즉, 컨셉과 이를 표현하는 브랜드 네임 그리고 디자인까지 어떻게 하는지 설명해 드렸습니다. 이제는 이를 더욱 강화할 수 있는 진료 차별화에 대해 얘기하고자 합니다. 다르게 표현하면 진료에도 컨셉을 담는 방법입니다.

우선은
자신있는 진료부터

"우리는 여드름 특화로 갈 겁니다." 개원을 앞둔 한 피부과 원장님의 바램이었습니다. 하지만 막상 개원하면서는 진료 과목에 홍조, 색소, 리프팅, 쁘띠, 무좀 질환까지 다 넣고 결국에는 뚜렷한 색깔이 없는 병원이 되고 말았습니다. 다른 병원과 차별화를 하고 싶다고 했지만 병원 경영의 안정성이 걱정되어 결국에는 다 취하고 만 셈이었습니다. 이해가 가면서도 안타까운 마음이 들지 않을 수 없었습니다.

특화병원이나 특화클리닉에 집중하는 것은 시장을 세분화해서 특정 고객 그룹에 집중하는 전략으로 전문성과 차별화 측면에서 경쟁 우위에 서는 방법입니다. 예를 들어 귀만 전문으로 치료하는 이비인후과나 어지럼증을 전문으로 하는 한의원, 난임 시술에만 집중하는 산부인과 그리고 갑상선 특화, 유방 특화, 틱장애 전문, 목소리 전문, 암 전문, 구내염 전문 병원 같은 곳이 있습니다. 이런 병원들은 한 번 입소문이 나거나 경쟁 병원 대비 전문성이 뛰어나다 인정받게 되면 꽤 안정적인 매출을 올릴 수 있습니다. 그래서 개원을 준비하는 원장님들은 특화 질환으로 병원 차별화를 많이 염두에 둡니다

실제로 많은 병원들이 이미 진료과목마다 전문의를 두고 있으며, 특정 질환이나 특정 수술 또는 특정 시술을 표방하면서 전문화를 하고 있습니다. 그런데 진료 노하우 없이 무늬만 특화, 전문화를 했다가 금방 들통이 나기도 합니다. 결국은 내실 있는 전문화만이 살길입니다. 무엇보다 치료 영역을 강화하거

나, 새로운 치료 방법을 확장하기 위해 지속적인 연구나 새로운 의사를 영입하는 등의 노력이 필요합니다. 진료 기술은 대체할 수 없는 의료의 절대적 가치입니다. 장비 수준이나 의사 실력 등이 어느 정도 상향 평준화된 지금은 더더욱 그렇습니다. 하지만 누구나 처음부터 특화 진료를 할 수 있는 것은 아닙니다. 그래서 처음부터 특정 질환 전문 병원으로 생각하기보다는 여러 질환 별 진료 포트폴리오를 어떻게 가지고 갈 것인지 고민하는 것이 더 낫습니다. 예를 들어 캐시카우(Cash Cow, 수익성 높은 진료 과목)가 되는 전략 질환과 서브 질환, 크로스 마케팅이 가능한 잠재 질환, 아직은 예측할 수 없지만 가능성이 있는 가망 질환이 무엇인지 고민해보고 설계하는 것이 좋습니다.

정리하면 이렇습니다. 개원 초기에는 특정 질환에만 목매달지 말고, 다룰 수 있는 모든 진료 영역을 다루되, 한두 개에는 의료 전문성을 갖고서 특화 준비를 해나갑니다. 결국 양질의 진료로 치료 효과를 입증하는 것입니다. 그래서 장기적으로 특화할 전문 영역을 끊임없이 강화하고 업그레이드하는 노력이 중요합니다. 의술을 강화하는 것은 전적으로 원장님의 의지와 연결됩니다.

저는 진료 포트폴리오 강화를 위해 수익 구조 개선에 도움이 되는 진료 클리닉을 병원에 제안하는 경우가 종종 있습니다. 그런데 원장님의 진료 스타일에 맞는 수술이나 치료는 잘 받아들이지만, 그렇지 않으면 아무리 블루오션이고 매출 가능성이 높다고 해도 잘 받아들이지 못합니다. 하지정맥 환자가 아무리 많아도 항문수술만 고집하는 경우가 그런 예라 할 수 있습니다. 결국 관심있는 분야, 본인이 좋아하는 분야가 아니면 언젠가는 유턴해서 돌아옵니다. 이는 병원장의 '나다움'과도 다시 연결됩니다. 한 번 더 강조하는 얘기지만, 나 자신을 잘 판단하고 병원의 진료 과목이나 특화 과목을 정하는 것이 브랜딩에 실패하지 않는 방법입니다.

치료에도 컨셉을 담으면
차별화가 가능하다

잘하는 것을 특화해 병원을 시작했다 하더라도 새로운 의료 상품이나 기술을 도입하려는 노력은 지속적인 성장을 위한 필수 사항입니다. 새로운 기술을 배우거나 새 장비를 도입하거나 새로운 진료과로 넓히고자 하는 것은 마케팅에서도 활력소가 됩니다. 반대로 기존 방식만 고수하게 되면 성장이 정체되고 마케팅 효과도 떨어집니다. 지금부터는 같은 치료라 하더라도 컨셉이 있고 없고에 따라 어떻게 결과가 달라지는지 설명하고자 합니다. 차별화 방식에 참고하면 좋을 것 같습니다. 치료 차별화도 아이디어를 갖고서 기획할 수 있습니다.

먼저, 통증 같은 부정적 감정을 경감하는 치료를 강조한 차별화 사례입니다. '행복, 정성'이 핵심 가치인 모 안과에서는 라섹 통증이 가장 환자들에게 민감한 감정임을 주목했습니다. 그래서 각막 표면과 상피를 벗길 때 자극을 줄이는 테크닉을 연구하여 새로운 시술법을 내놓았습니다. 그러면서 통증은 줄이고 안전함과 시력 회복을 향상한다는 기치를 내세우고 'Less Pain 라섹'이라는 컨셉을 만들어 타 병원 대비 통증이 적은 점을 어필하여 차별화에 성공했습니다.

안과 사례 하나 더 들겠습니다. 안과 레이저 시장은 레드오션이고 워낙 고가의 장비라, 이를 갖췄다고 어필하는 마케팅이 많습니다. 그러다 보니 장비로는 특별히 구별되는 포인트를 찾기 어려웠습니다. 하지만 백내장은 아직 진입하지 않은 안과가 많아 앞으로 시장이 커질 것으로 예측했습니다. 가격 경쟁이 심한 라식, 라섹과 다르게 백내장은 프리미엄 노안 백내장 수술법으로 차별화가 가능하겠다고 생각하고, 액티브 시니어를 대상으로 은퇴 이후의 삶을 가장 방해하는 것이 눈이라는 것을 강조했습니다. 결과적으로 '빛나는 삶'이라는 병원의 미션을 담아 "New eye, New I"라는 캠페인과 맞춤 치료법을 전개했고, 프리미엄 백내장 시장을 선점하는 효과를 얻었습니다.

모 비뇨기과 병원은 방광염 환자 여러 명을 인터뷰하고서 환자들이 가장 고민하고 두려워하는 것이 재발임을 밝혀냈습니다. 그래서 '진보, 앞선'이라는 핵심 가치를 바탕으로 재발 방지에 집중하는 병원의 브랜드 컨셉을 새로 개발했습니다. 재발을 막는 것은 근본적으로 불가능하지만 재발을 막기 위해 얼마나 철저한 과정을 거치는지 보여주고자 했습니다. 이와 함께 재발 방지를 위한 검사, 치료, 관리를 아우르는 통합치료프로그램을 기획했습니다. 결과적으로 방광염 재발 방지라는 독특한 지위를 얻게 되었습니다.

정리해보겠습니다. 병원을 차별화하는 방법에는 진료 분야로 특화하거나 치료법에 컨셉을 담아 차별화하거나, 이렇게 두 가지 방안이 있습니다. 이 모두 환자가 병원을 새롭게 바라보도록 하는 방법입니다. 이 방법을 통해 환자가 다름을 인식하게 된다면 브랜딩은 강력한 효과를 발휘합니다. 의료법 규제로 인해 원하는 표현을 다 할 수 없어 안타깝지만 진료 아이템이나 치료, 수술명을 유니크하게 하는 것은 좋은 차별화 방법의 하나입니다. 단, 의료법에 유의하여 법이 허용하는 범위 내에서 지어야 한다는 것, 잊어서는 안 됩니다.

2부.
브랜드 컨셉 이식하기

업의 정의하기

브랜드 컨셉을 완성한 후 직원들에게 이를 이식하는 작업이 필요하다. 이식은 강요한다고 되지 않고 직원 스스로 필요성을 느낄 때 가능하다. 나는 어떤 일을 하고 있는지, 내가 일로써 환자들에게 제공하는 가치는 무엇인지, 고민하는 '업의 정의'가 사전에 필요하다. 이는 어떤 사명을 갖고서 일하는지 '일의 의미'를 정의하는 것과도 같다. MZ세대는 무엇보다 이를 중요하게 생각한다.

좋은 브랜드를 만들기 위해 가장 중요한 것은 내부 구성원입니다. 고객에게 브랜드 컨셉을 전달하는 사람은 결국 직원입니다. 아무리 잘 만든 컨셉이라도 직원들이 이를 이해하고 환자들에게 잘 전달하지 못한다면 아무 소용없는 일이 됩니다. 한마디로 선언에만 그치는 일이 됩니다.

직원들이 병원의 컨셉을 잘 이해하기 위해서는 스스로 나는 우리 병원에서 어떤 일을 하는 사람인지, 어떤 가치를 만드는 사람인지 정의하는 것이 필요합니다. 이를 업(業)의 정의라고 합니다. 그런데 이를 원장님으로부터 내려오는 탑다운 방식으로 하게 되면 직원들에게 가치관의 변화를 강요하는 것처럼 되고, 백이면 백 직원 반발로 이어집니다. 가치관의 변화는 강제적인 매뉴얼로 되지 않습니다. 마음속으로 우러나올 때 가능합니다.

MZ세대에 대한
이해

"야간 진료가 있어서 입사 안 하겠다네요." "가볍게 혼냈을 뿐인데 출근을 안 합니다." "월급을 더 준대도 싫답니다." "교육을 받으라니까 그만두겠다고 합니다." "알고 보니 왕따가 있더라고요." "환자와의 다툼에서 절대 물러서지 않습니다." "올해 성과급 기준이 무엇이냐고 당돌하게 묻습니다."

직원 다루기가 어렵다는 개원가 원장님들의 하소연입니다. 이는 치과, 피부과, 성형외과, 내과 등 어느 분야 병원이든 예외 없이 비슷합니다. 어렵게 컨셉을 정하고, 이름을 정하고, 이제 환자를 맞이해야 하는데, 직원 구하기가 하늘의 별따기 수준입니다. 내 마음처럼 일하는 좋은 직원은 하늘이 내려준다는 얘기가 있을 정도입니다. 과거에는 의료라는 전문 분야 특성상 위생과 안전이 중요했습니다. 그래서 직원에 대한 용모와 복장 규정, 언어와 행동 지침 등이 많았습니다. 하지만 요즘은 다릅니다. 네일 아트는 기본이고, 유니폼 소매 사이로 문신을 보는 것도 이상하지 않습니다. 머리가 흐트러지지 않도록 고정하던 헤어망은 골동품이 되었으며 언어나 행동도 자유롭습니다. 회식 분위기도 과거와는 많이 달라졌습니다. 어떤 원장님은 회식 자리에서 직원 눈치가 보여 낄 자리가 없다고 말합니다. 그래서 마케팅보다 직원 관리가 더 힘들다고 하소연합니다.

요즘 병원으로 들어오는 직원들의 평균 연령대가 MZ세대입니다. 이들은 자신의 만족과 가치관을 중시합니다. 아울러 자신의 취향과 의견도 적극 표현합니다. 그래서 조금만 통제해도 그만두는 직원이 속출합니다. MZ세대는 자신에게 의미가 있고 가치가 있다고 판단되는 일에는 열정을 다합니다. 그래서 내가 누구인지 알고 싶어하고, 나의 정체성을 증명하기 위해 몸부림을 칩니다. 일 역시도 자신의 정체성을 증명해가는 도구로 여깁니다. 먹고 살기 위해서 일했던 우리 선배 세대들과는 확연히 다릅니다.

미국의 세대 연구기관인 CGK의 CEO인 더니스 빌라는 "MZ세대는 지속적인 경력 개발, 회사 추구 방향과 자신 가치관의 동일함, 회사가 사회에 미치는 긍정적인 영향 이 세 가지를 중요하게 여긴다"라고 말했습니다. 코리 시밀러 미국 라이트 주립대 교수는 "MZ세대는 워라벨과 일을 통해 사회에 어떤 기여를 할 수 있는지를 대단히 중요하게 생각한다. 이들이 기대하는 직업적 가치를 발견할 수 있도록 도와야 한다. MZ세대는 자신이 중요한 역할을 맡았다고 생각하면 훨씬 더 열정적으로 일한다"라고 했습니다. 원장님은 이런 점을 잘 알고 MZ 세대들이 즐겁게 일할 수 있는 병원을 만드는 것이 우선이지, 이들을 비난하는 것이 우선이 되어서는 안 됩니다. 자칫 우리 병원의 빈자리를 채우지 못하게 됩니다.

직원은 단순히 돈을 벌기 위해 일하는 존재가 아닙니다. 직원의 성장이 병원의 성장을 이끕니다. 그렇기에 병원을 이들이 성장할 수 있는 공간으로 만들어야 합니다. 우리의 일터는 병원의 브랜드 철학과 가치, 사명 등과 관련이 있습니다. 병원장으로부터 시작되었지만, 병원의 브랜드 철학을 직원들이 공감하는 일의 의미로 자리잡아야 합니다. 직원들은 급여가 오르고 자신이 성장하고 있다고 생각할 때 만족감을 가지고 장기근속을 합니다. 장기근속자가 많아지는 것은 병원 브랜드를 만들고 유지한다는 점에서 매우 중요합니다. 오랫동안 근무하는 직원들은 누구보다 브랜드의 의미를 잘 압니다. 이들은 환자에게 우리 브랜드를 가장 잘 전달하는 사람입니다. 우리 직원들이 컨셉을 잘 이해하고 업무 속에서 이를 잘 실천할 때 브랜드의 힘은 커집니다.

내가 하는 일의
의미 발견

미국의 대통령 린든 존슨이 미항공우주국(NASA)를 방문했을 때의 일입니다. 대통령이 로비를 지나다가 지저분한 바닥을 닦는 청소부와 우연히 마주쳤습니다. 그 청소부는 몹시 즐거운 듯 콧노래를 부르며 열심히 일하고 있었습니다. 대통령은 그에게 다가가 다음과 같은 말로 치하했습니다.

"당신은 가장 훌륭한 청소부입니다." 청소부가 말했습니다. "각하, 저는 단순한 청소부가 아닙니다. 저는 인간을 달로 보내는 중요한 일을 돕고 있는 중입니다." 이 청소부는 단순히 생계를 목적으로 일하고 있지 않았습니다. 자기 일에 중요한 의미를 부여했기에 자부심을 품고 성실히 일할 수 있었습니다. 이처럼 자기 일에 새로운 의미를 부여할 때 비로소 우리만의 업, 즉 우리다움이 완성됩니다. 직원 개개인에게까지 우리다움이 스며들 때 직원들은 남다른 자부심과 책임감을 갖게 됩니다.

우리다움을 위해서는 내가 하는 일의 사전적 정의부터 머릿속으로 지워야 합니다. 이 과정은 병원장님이 병원 브랜딩을 위해 나다움을 찾았던 것과 같습니다. "나는 피부관리사가 아니다" "나는 치과 위생사가 아니다" "나는 안과 간호사가 아니다" "나는 정형외과 물리치료사가 아니다" 이렇게 내가 하는 일을 부정한 후 미항공우주국의 청소부처럼 "나는 어떤 사람이다"라고 새롭게 정의해야 내 일의 가치를 발견할 수 있습니다.

고도 비만을 전문적으로 치료하는 어느 내과 병원의 브랜딩을 컨설팅할 때입니다. 내원 환자들을 조사해보니, 이들이 갖고 있는 보편적인 감정은 '불행'이었습니다. 환자들은 대부분 지방흡입수술을 여러 번 한 분들로 요요 현상으로 자기혐오와 자기 학대 경험을 갖고 있었습니다. 그래서 '빼야 한다' '먹으면 안 된다'는 정신적 스트레스와 강박 관념이 매우 심했습니다. 병원에서는 살을 빼는 것도 중요하지만 이들에게 정신적인 자신감을 세울 수 있도록 돕는 것이 중요하다고 강조했습니다. 그래서 병원은 식이요법 및 약물 치료와 함께 지방 흡입술이 아닌 다른 비침습(피부를 관통하거나 신체의 어떤 구멍을 통과하지 않고 질병을 진단하거나 치료하는 방법) 의료 방법을 시행했습니다. 그리고 비만은 사실 영양 과잉이 아니라 꼭 필요한 영양의 부족이라는 새로운 관점을 제시했습니다. 이러한 치료 방향을 담아 새롭게 컨셉을 도출했습니다. 그리고 이를 슬로건으로 만들어 마케팅에 활용했습니다.

"비만 치료는 불필요한 것을 빼는 과정이 아닙니다. 꼭 필요한 것만을 넣는 과정입니다." 이곳 직원들은 스스로 비만 치료자가 아닌 환자의 행복을 돕는 '해피 이노베이터'로 자신들을 정의했습니다. 묵묵히 주어진 일만 열심히 하는 기술자가 아니라 환자들에게 행복을 주는 혁신자로 자신을 정의했더니 그 결과는 무척 놀라웠습니다. 직원들은 예전과 달리 번뜩이는 아이디어를 적극 내놓기 시작했습니다. 심지어 자발적으로 야근하며 자기 일을 좋아하기 시작했습니다. 환자의 고통과 아픔이 기쁨과 행복이 되는 과정을 지켜보며 자기 일이 얼마나 소중한 일이고, 대단한 일인지 알게 되었습니다. 환자들 반응도 좋았습니다.

의미 부여에 따라 내가 하는 일은 다른 가치를 지니게 됩니다. 미국 버지니아대학 심리학과 교수 티모시 윌슨은 "나는 OOO하는 사람이다"라는 정의를 통해 그 사람의 행동 변화를 이끌어낼 수 있다고 했습니다. 우리 직원이 좀 더 책임감 있게 자신이 맡은 일을 즐거운 마음으로 하길 원한다면, 내가 하는 일(업)의 정의부터 새롭게 해 볼 필요가 있습니다. 병원 경영자라면 이점을 꼭 깊이 새겨 두고 직원들에게 설명할 수 있어야 합니다(직원들이 자기 일의 의미를 새롭게 정의하고 이를 소중히 생각할 수 있도록). 사람의 행동을 변화시키기 위해서는 결코 대단한 설계가 있어야 하는 것은 아닙니다. 말 한 마디면 충분합니다. 그리고 행동의 변화를 일으킬 수 있다는 믿음만으로도 충분합니다.

일의 의미를
공감하고 공유하세요

저는 지금까지 병원의 조직을 변화시키는 일을 오랫동안 해 왔습니다. 병원 구성원을 목표하는 대로 움직이게 하려고 여러 가지 다양한 방법을 시도해 봤습니다. 처음에는 근로조건, 인간관계, 직무 만족도 등을 개선하는 일에 공을 들였습니다. 그런데 이는 일시적인 효과만 있을 뿐 지속성을 유지하기는 힘들었습니다. 결코 도달할 수 없는 고객 만족의 쳇바퀴처럼 직원들의 만족에 대한 요구와 니즈는 끊어질 줄을 몰랐습니다. 결국 도달할 수 없는 목표라고 결론을 내렸습니다. 대신 자신의 일이 가치 있는 일이라고 스스로 느낀다면 알아서 움직인다는 것을 알게 되었습니다.

애슬레저룩(일상복처럼 입을 수 있는 요가복) 시장의 선도 기업이 된 룰루레몬의 기하급수적인 성장에는 여러 가지 원인이 있겠지만 많은 이들은 이들의 브랜드 가치에 주목합니다. 이들의 미션은 "사람들이 더 오래, 더 건강하고, 더 즐거운 삶을 사는 데 꼭 필요한 것을 세상에 제공한다"입니다. 이를 위해 직원들을 에듀케이터라고 부릅니다. "스토어와 이커머스의 에듀케이터는 우리 사업에서 가장 중요한 사람이다. 회사의 모든 의사결정은 이 점을 염두에 두고 이루어져야 한다."(책『룰루레몬 스토리』에서 발췌) 경영진은 직원을 에듀케이터라고 부르며 회사를 있게 하는 아주 특별한 존재라고 말합니다. 실제로 스토어 직원을 말하는 에듀케이터는 게스트(고객)에게 제품을 판매하는 것뿐만 아니라 정보를 제공하고 건강한 문화를 교육하는 일도 합니다. 그리고 고객의 웰빙 라이프를 돕는 방법도 고민합니다. 현재의 룰루레몬을 만든 이면에는 이렇게 직원들의 브랜드 동화가 중요한 역할을 했습니다.

미국의 클리블랜드 클리닉(Cleveland Clinic, 미국 오하이오 주에 소재 미국의 4대 병원 중 한 곳으로 꼽히는 곳으로, 4대 병원은 클리브랜드 클리닉 외에 메이요 클리닉, 존슨홉킨스 병원, 매사추세츠 종합병원이다)은 직원들을 '케어기버'라는 호칭으로 부릅니다. 그런데 전 직원을 이렇게 호칭하는 결정이 쉽지 않은 일이었다고 고백합니다. 단순히 호칭의 문제가 아니라 직원들 스스로 자신을 그렇게 생각해야 하고, 경영진도 그러한 관점을 가져야 했기 때문입니다. 그래서 병원은 다음과 같은 원칙을 세웠습니다. 이는 직원들 스스로 자기 일에 의미를 두도록 하는 원칙입니다.

첫 번째는 "Respond with H.E.A.R.T 마음으로 응답하라" 입니다. 마음에 해당하는 이니셜을 이렇게 정의했습니다. Hear(이야기를 들어주어라), Empathize(공감하라), Apologize(사과하라), Respond(반응하라), Thank(환자에게 감사하라). 두 번째는 "S.T.A.R.T with Heart 마음으로 시작하라"입니다. Smile(미소

짓고 반갑게 맞아라), Tell(자기 이름과 역할을 말해주어라), Activity(적극적으로 듣고 공감하는 태도를 보이며 도와주어라), Rapport(친밀감과 관계를 구축하라), Thank(상대방에게 고마움을 표현하라) 입니다. 이러한 두 가지 원칙을 바탕으로 클리브랜드 클리닉의 케어기버들은 자신들의 존재 의의를 매번 되새기고 있습니다.

마무리해보겠습니다. 병원의 본래 가치는 환자의 건강과 행복을 증진하는 것입니다. 환자에게 봉사하는 것이 직원들에게는 가장 큰 일입니다. 따라서 직원들이 이에 대해 좋은 가치관을 갖고 삶을 의미 있게 바라보도록 돕는 것이 중요합니다. 병원에서의 일이 그저 월급과 내 삶을 바꾸는 것이 아니라, 내가 하는 일이 사람들에게 행복을 주고 세상을 아름답게 바꿔나가는 것이라고 믿게 해야 합니다. 어쩌면 일의 의미를 중요하게 생각하는 MZ세대는 병원 경영진으로부터 이런 말을 듣고 싶어할지도 모릅니다.

7

워크샵으로 핵심 가치와
행동 원칙 정하기

브랜드 이식을 위해서는 전직원이 함께 하는 워크샵 자리에서 핵심 가치와 행동 원칙을 정하는 것이 좋다. 그리고 리더는 브랜드가 병원의 문화가 될 수 있도록 지속적인 피드백과 평가를 해야 한다. 그리고 무엇보다 솔선수범이 꼭 필요하다. 직원들은 병원장이 얼마나 잘 지키는지, 그저 말뿐인지 유심히 지켜본다.

몇 년 전 어느 병원에서 브랜딩을 강화할 목적으로 병원의 역량 강화와 조직 변화 워크샵을 의뢰받은 적 있습니다. 그때 원장님으로부터 이런 요청을 받았습니다. "우리 병원에서 활용할 수 있는 매뉴얼을 만들어주세요. 직원들이 매뉴얼 규칙만 따르면 문화가 될 수 있도록 말이에요."

원장님의 요청을 받고 브랜드 매뉴얼을 만들고자 병원의 고객 접점마다 필요한 스크립트를 일일이 작성했습니다. 그리고 실제로 고객에게 잘 전달할 수 있도록 별도의 학습도 진행했습니다. 하지만 직원들의 저항이 심했습니다. 그 뒤로 코로나 때문에 교육과 미팅이 어려워지자 매뉴얼대로 변화를 심는 것은 어려운 일이 되어버렸습니다. 이때 저는 잘 작성된 매뉴얼만으로는 역부족이라는 것을 깨달았습니다. 한계를 절감한 경험이었습니다. 그래서 이후 다른 병원을 컨설팅할 때는 직원이 50여 명이나 되었지만 모두가 함께 하는 내부 브랜딩 워크숍을 가졌습니다. 규칙을 정해서 전달하는 게 아니라 함께 규칙을 정하는 시간을 수차례 가졌습니다. 그러자 직원들은 다음과 같은 반응을 쏟아냈습니다. "병원은 물론이고 개인적으로도 앞으로 제 미래를 어떻게 가꿔가야 할지 명확한 목표의식을 갖게 되었다." "병원 발전을 위해 여러 아이디어를 내는 과정이 재미있고, 함께 일하는 사람들이 좋아졌다." 여기에 병원장님도 "직원들의 마인드가 많이 바뀐 것 같다. 다른 파트를 도우려고 노력하는 모습이 보인다. 직원들의 표정과 말투가 좋아졌다"라고 말했습니다.

우리는 이미 앞에서 직원들 스스로 업의 정의를 해보는 것이 중요하다고 배웠습니다(스스로 할 수 있게 병원장이나 경영진이 이를 도와야 합니다). 브랜딩은 아래에서부터 위까지 모두가 하나의 마음이 될 때 효과가 발휘됩니다. 그렇게 되기 위해서는 워크숍이 일회성으로 끝나지 않고, 주기적으로 반복될 필요가 있습니다. 그러면 서서히 병원 브랜딩이 그저 일을 잘하기 위한 것만이 아니라 나의 성장과 일의 만족감이라는 측면에서도 중요하다는 것을 알게 됩니다.

문화는 규칙(Rule)이 아닌
가치(Value)로부터

　병원에는 출신 학교, 성장 과정, 취향 등이 모두가 제각각인 사람들이 모여 있습니다. 이들을 하나의 구심점으로 모으지 않으면 병원은 흡사 시장 바닥처럼 되고 맙니다. 이때 필요한 것은 규칙이 아니라 문화입니다. 즉, '규칙에 의한 조직 문화'가 아니라 '가치에 의한 브랜드 문화'가 필요합니다.

　메이요 클리닉(Mayo Clinic, 미국의 미네소타주 로체스터시 소재)이라는 병원이 있습니다. 미국 병원 평가에서 최우수의료기관 상을 6년째 수상한 이 병원은 '환자 중심의 진료'(The needs of the patient come first)를 브랜드의 핵심 가치로 두고 있습니다. 이 가치는 메이요 클리닉의 모든 문화 속에 속속들이 반영되어 있습니다. '메이요 클리닉 환자 관리 모델'이라는 문건에는 어떻게 환자를 관리해야 하는지도 자세히 기록되어 있습니다. 신입 직원은 물론이고 일반 직원들도 주기적으로 이 내용을 잊지 않도록 훈련받습니다.

　메이요에서는 환자에게 가장 필요한 조치라면 직원 스스로 의사결정 할 수 있는 권한도 갖고 있습니다. 한 번은 한 여성 대형 트럭 운전자가 운전 도중 통증을 느껴 메이요 클리닉 길 앞에 주차를 하고 응급실에 급히 온 일이 있었습니다. 의사는 당장 입원해야 한다고 했지만 그녀는 거부했습니다. 차 안에 있는 반려견이 있다는 이유였습니다. 이때 응급실의 한 간호사가 반려견을 자신이 돌보겠다고 나섰습니다. 굳이 간호사가 하지 않아도 될 일이었지만, 업무의 경계를 넘어서 환자를 돕고자 한 것이었습니다.

이 사례는 메이요 클리닉의 브랜드 컨셉이 실제 업무 현장에서 어떻게 실현되는지를 잘 보여주는 사례입니다. 그런데 더 놀라운 것은 이와 같은 일들이 매일같이 일어난다는 것입니다. 이렇게 기업 고유의 독특한 가치가 만들어질 때, 우리는 '답다'라는 표현을 씁니다. 이것이 바로 '병원다움'입니다.

핵심 가치 도출

브랜드의 핵심 가치가 자연스럽게 직원들에게 공유되고 모든 의사결정의 기준이 될 때, 브랜드 문화가 조직 속으로 이식되었다고 봅니다. 이때 직원들은 비로소 자신이 브랜드의 일부가 되었음을 깨닫습니다. 그런데 이같은 문화를 만드는 데에 지름길은 없습니다. 각 병원의 브랜드 철학과 가치, 미션에 집중하고 헌신하는 방법밖에 없습니다. 그리고 시간과 자원, 에너지를 쏟아붓는 수밖에 없습니다. 다만 직원들이 자발적으로 참여할수록 속도는 조금 더 빨라집니다.

핵심 가치를 수립할 때는 바텀업 방식이 좋습니다. 경영자(병원장)가 일방적으로 만드는 경우 속도는 빠를 수 있지만, 구성원들의 공감을 얻기는 힘든 법입니다. 예전에야 이런 방식이 통했으나 지금은 그렇지 않습니다. 그리고 핵심 가치를 수립하는 시간을 직원들과 오래 갖는 것이 중요합니다. 헌신, 책임, 열정이라는 핵심 가치를 단어로만 만났을 때와 단어가 도출되는 과정에서 함께 고민했을 때, 하늘과 땅과 같은 인식 차이가 만들어집니다. 구성원 모두가 참여해서 의견이 모일 때 비로소 자발적 의지가 생깁니다. 남이 시키는 대로 행동할 때보다 스스로 정한 것을 실천할 때 자기 것이 되고 책임감도 커지게 됩니다.

워크샵이 이럴 때 매우 유용합니다. 인원이 적다면 병원장님을 비롯해 직원들이 함께 하는 것이 좋습니다. 단 참석 인원이 많으면 핵심 직원과는 인터뷰하고, 나머지 직원은 설문지로 대신해 전 직원의 의견을 수렴하는 방식을 취하는 게 좋습니다. 다음의 리스트는 제가 직원들로부터 핵심 가치를 도출하기 위해 인터뷰, 워크샵, 설문조사를 할 때 사용하는 질문의 일부분입니다.

- 우리다움을 대표하는 가치는 무엇인가?
- 우리다움, 우리답다는 것은 무엇인가?

- 우리답게 일하는 것은 어떤 모습인가?

- 우리 조직과 어울리는 사람은 어떤 사람인가?

- 우리가 인정하는 성과란 무엇인가?

이렇게 도출된 키워드는 비슷한 개념끼리 묶어 그룹핑을 하고 상하위개념으로 분류해봅니다. 이렇게 해서 핵심 가치에 해당하는 키워드 3~5개를 정리합니다. (1부에서 말씀드린 병원장님의 나다움을 정의하던 방법과도 유사합니다. 병원장님에서 병원으로 주체만 바뀌었을 뿐입니다.)

행동 원칙 도출

브랜드 문화란 단지 핵심 가치가 만들어졌다고 완성되지 않습니다. 핵심 가치는 추상적이고 개념적이기 때문에 구체적인 행동 원칙을 반드시 필요로 합니다. 행동 원칙은 핵심 가치를 지키기 위해 해야 할 구체적인 실행 규범을 말합니다.

앞서 소개한 메이요 클리닉의 경우 '환자 중심의 진료'라는 핵심 가치를 갖고 있다고 말씀드렸습니다. 그래서 "충분한 시간을 들여 환자의 말에 귀를 기울이고 서둘러 진찰하지 않는다"는 실행 규범을 실천하고 있습니다. 그리고 더 앞서서 소개한 클리브랜드 병원에서는 "Respond with H.E.A.R.T 마음으로 응답하라" "S.T.A.R.T with Heart 마음으로 스타트하라"의 행동 원칙을 갖고 있습니다(기억나시죠?).

핵심 가치가 목적지로의 방향이라면, 행동 원칙은 실제 그 방향으로 차를 안내하는 내비게이션이라고 볼 수 있습니다. 그렇다면 이러한 행동 원칙은 어떻게 도출할 수 있을까요? 행동 원칙은 차가 달리는 도로처럼 구체적이어야 하고, 얼마의 거리를 얼마 동안 달려야 하는지 측정 가능한 것이어야 합니다. 이렇게 구체적인 로드맵을 제시할 때 행동 원칙은 달라질 수 있습니다. 그래서 핵심 가치는 변하지 않지만, 행동 원칙은 때에 따라 바뀔 수 있습니다. 마치 내비게이션에서 여러 가지 경로가 있는 것과 같습니다.

많은 병원에서 핵심 가치로 '존중'과 '신뢰'를 꼽습니다. 이를 가지고서 뽑은 행동 원칙 사례를 보여 드리겠습니다. 존중은 이해, 배려, 관심을 포괄하는 상위 개념이고, 신뢰는 전문성, 정확성, 책임을 포괄하는 상위 개념입니다. 그러면 다음과 같은 행동 원칙을 뽑아낼 수 있습니다.

먼저 존중에 대한 행동 원칙의 예입니다.

- 환자분이 도움이 필요할 때 언제든 바로 부를 수 있게 곁에 있는다(환자의 시선에서 사라지지 않도록 한다).
- 자주 오시는 환자분의 성함을 기억해서 반겨준다.

- 환자분의 이야기를 잘 들어주고 궁금한 것에 대한 대답을 잘해준다. 무시하는 언행을 하지 않는다.

다음은 신뢰에 대한 행동 원칙의 예입니다.

- 검사 소요 시간과 목적을 정확히 설명한다.
- 얼굴을 아는 환자라 하더라도 정확하게 이름 호명 후 처치한다.
- 현장에서 모르는 질문을 받았을 때, 대충 얼버무리거나 부정확한 답변을 하지 않고, "바로 알아보고 연락드리겠습니다"라고 말한다.

병원장님부터
솔선수범하기

"교육받을 때만 머릿속에 있지 금방 잊어버립니다." "내 업무 하나하나에 적용하는 게 쉽지 않더라고요. 그래서 초기의 열정은 사라지고, 지금은 있으나 마나 한 것이 되어버렸어요."
브랜드의 핵심 가치와 행동 원칙을 지속해서 실행하는 것은 결코 쉬운 일이 아닙니다. 핵심 가치와 행동 원칙을 수립했다고 해서 만사 오케이가 되는 것도 아닙니다. 요즘 웬만한 병원 홈페이지에는 핵심 가치가 번듯하게 주 메뉴 중 하나로 올라와 있습니다. 그러나 정작 직원들에게 핵심 가치가 무엇이냐 물어보면 정확하게 답하는 직원은 얼마 되지 않습니다. 심지어는 원장님조차도 그저 '좋은 말' 정도로만 생각하고 있습니다. 핵심 가치는 장식품처럼 벽에 걸려있는 표어가 아닙니다. DNA처럼 뿌리 깊게 자리해서 병원장을 비롯해 직원들 모두를 하나로 만드는 것이어야 합니다.

구슬이 서 말이라도 꿰어야 보배라는 말이 있습니다. 이 말처럼 '수립' 이상으로 '내재화'가 중요합니다. 내재화는 여러 가지 습관이나 생각, 기준 등을 마음속에 받아들여 자기 것으로 체화하는 과정을 말합니다. 이러한 변화는 힘들지만 일관성을 가지고 반복할 때 이루어집니다. 내재화를 위해 가장 중요한 것은 다름 아닌 병원장님의 의지와 적극적인 리더십입니다. 원장님의 적극적인 참여와 솔선수범이 강력한 영향력을 발휘합니다. 하지만 보통의 원장님들은 교육이나 중요한 미팅을 제외하고 차상급자에게 참여를 위임하고 불참하는 경우가 많습니다. 전사적 차원의 브랜드 문화를 구축하는데 원장님이 빠져서는 절대 내재화에 성공할 수 없습니다.

예전에 모 안과를 컨설팅할 때의 일입니다. 원장님의 리더십이 남달랐던 병원이었습니다. 사전 요청을 하지 않았음에도 교육 시간 때 제일 먼저 자리하곤 했습니다. 과제 역시 철저히 해

오셨습니다. 이뿐만이 아닙니다. 컨설팅 프로그램의 독려를 위해 포상과 시상도 아끼지 않았습니다. 회의실에는 큼지막한 슬로건도 붙여두었습니다. 조직 전체가 동화되지 않을 수 없었습니다. 컨설팅 이후 직원들의 직무 만족도가 오르는 것이 보였고, 이직률이 줄고 매출 및 재무성과도 빠르게 높아졌습니다. 이처럼 리더는 브랜드 내재화에 적극 솔선수범해야 합니다. 리더가 행동으로 보여줄 때 직원들은 비로소 동참하기 시작합니다. 다른 일은 직원에게 맡길 수 있지만, 핵심 가치에 기반을 둔 문화 만들기만큼은 원장님이 주도해야 합니다.

피드백과 평가로
행동 굳히기

직원들은 경영자의 지속적인 추진 의지를 살핍니다. 이를 확인한 후 자신의 행동을 핵심 가치와 연결합니다. 그리고 경영자로부터 피드백을 받고서 실제로 우리 병원에 적용되고 있음을 느낍니다.

핵심 가치가 사랑, 배려, 존중인 병원이 있었습니다. 이 병원의 직원이 출근길에 우연히 쓰러진 노인을 보고 즉시 응급처치 후 119에 신고했습니다. 노인이 안전하게 구급차에 실려 가는 모습을 확인한 후 출근을 했습니다. 직원은 늦을 거라는 것을 알면서도 쓰러진 노인이 마치 우리 병원의 환자와 같았기에 그냥 지나칠 수 없었습니다. 이러한 사실을 안 원장님은 이 직원의 행동을 높이 평가하고 이를 사내 게시판으로 널리 알리기까지 했습니다. 브랜드 가치를 지킨 직원에 대한 성공적인 피드백이었습니다.

병원에서 활용할 만한 피드백 프로그램은 다양합니다. 별도의 브랜드 팀이라는 담당 조직을 두고 운영할 수도 있고, 워크샵을 통해 브랜드 선언문을 다 같이 작성할 수도 있습니다. 그 외 붐업 프로그램, WOW 상 수여, 브랜드 챔피언 임명, 명예의 전당 같은 것도 있습니다. WOW 상은 고객의 기대를 뛰어넘은 서비스를 한 직원에게 수여하고, 브랜드 챔피언은 브랜드의 비전과 가치를 전파해서 대내외적으로 알리는데 헌신적으로 기여한 사람에게 주는 명예입니다. 모 병원은 연말에 핵심 가치에 잘 맞는 직원을 선정하고 상금만 주는 게 아니라 고급 상패를 만들어 수여하기도 했습니다. 또한 핵심 가치 실천을 잘하는 직원을 대상으로 다양한 자격증 시험과 각종 세미나와 교육 참여도 지원했습니다. 이렇게 성장을 경험한 직원은 병원의 문화를 브랜드 컨셉으로 일치시키는 첨병 역할을 합니다.

그리고 직원들을 평가할 때도 브랜드 가치가 빠져서는 안 됩니다. 이때 평가는 결코 껄끄러운 것이 아닙니다. 직원들은 오히려 공정한 평가와 피드백을 기다립니다. 모산부인과는 병원의 브랜드 철학과 핵심 가치, 행동 원칙, 슬로건 등을 프린트해서 사무실 곳곳에 걸어두었습니다. 이후 체크리스트를 만들어 주별, 월별로 리뷰를 하고 정기 피드백과 보상을 했습니다. 좋은 아이디어는 현장에서 바로 채택해 업무에 적용하기도 했습니다. 이런 분위기가 계속되면서 서로 격려하는 분위기가 만들어지고 직원들의 자긍심도 높아졌습니다. 자연스럽게 브랜드의 핵심 가치와 행동 원칙이 직원들에게 체화되었습니다. 조직의 가치를 기준으로 공개적으로 칭찬받는 경험이 반복될수록 내부 문화는 더욱 강력해집니다.

브랜드의 약속이 문화가 될 때, 고객은 이를 온전히 누리고 경험하게 됩니다. 서비스 마케팅의 대가 제임스 헤스켓은 『서비스 수익 모델』이란 책에서 '만족거울효과'(Satisfaction mirror effect)라는 개념을 소개한 적 있습니다. 그는 이 책에서 '종업원들이 자신의 업무를 지지받는다고 믿는 정도에 따라 고객 만족에 대한 일관된 정보가 촉진된다'고 말했습니다. 즉 직원의 만족도가 높을 때 그에 따라 고객도 더 많은 만족을 얻게 된다는 뜻입니다. 브랜드 가치(컨셉, 지향점)를 병원 구성원 모두에게 하나의 문화로 받아들이게 하려면 가장 먼저 리더의 솔선수범이 있어, 직원들이 뭔가 바뀌고 있다는 사실을 느낄 수 있어야 합니다. 직원들 스스로 문화를 따르는 것이 자신에게 도움이 된다고 생각하는 것이 중요합니다. 브랜드 내재화는 이때 성공적으로 완성됩니다.

8

브랜드 중심의 의사결정

브랜드의 핵심 가치와 행동 원칙을 정했다면 이를 기록으로 남기는 '브랜드웨이북'을 만든다. 우리 병원의 '컬처북' 역할을 하며, 모든 직원의 행동과 생각의 기준이 된다. 경영자 입장에서는 자신의 경영 철학이 담긴 책이라 할 수 있다.

"무엇보다 고객 만족에 사활을 걸었습니다. 고객을 위한 친절 응대 매뉴얼도 갖고 있습니다." "고객 만족을 위해 할 수 있는 것은 다했습니다. 환자를 친절하게 응대하기 위해 수시로 CS 강사를 초빙해 교육도 하고 있습니다. 고객만족센터도 운영하고 있습니다. 그런데도 고객의 평가는 크게 나아지지 않습니다. 환자 유입도 늘어나지 않고요. 무엇이 문제일까요?"

어느 내과 원장님의 하소연이었습니다. 매뉴얼을 들여다보았습니다. 인사, 전화, 태도 등 항목별로 아주 다양하고 구체적인 지침이 있었습니다. 매뉴얼 내용을 잠깐 옮겨보면 다음과 같습니다.

원내에서 만나는 모든 환자, 보호자, 방문객에게 밝은 표정으로 웃으며 30도 숙여 "안녕하십니까?"라고 큰소리로 인사한다. 고객에게는 반드시 일어서서 웃으며 "안녕하십니까? 어서 오십시오. 무엇을 도와드릴까요?"라고 말한다. 고객을 보낼 때도 반드시 30도 숙여 "감사합니다. 안녕히 가십시오"라고 끝인사를 한다. 인사는 언제나 내가 먼저 할 때 더욱 효과가 있다. 인사 전후에는 반드시 상대방을 바라보도록 한다. 그렇지 않으면 무성의하고 형식적으로 보인다. 인사는 30도로 허리를 숙여 인사한다. 고개를 까딱하는 인사는 인사하는 것 같지가 않기 때문에 받는 사람도 인사를 받았다는 느낌이 들지 않게 된다. 직원 상호 간에도 항상 만날 때마다 밝게 웃으며 인사한다.

이상이 매뉴얼에 적혀 있는 내용이었습니다. 그런데 저는 매뉴얼을 보는 순간 아찔했습니다. 직원들의 스트레스가 이만저만이 아닐 것 같았습니다. 친절의 기준은 사람마다 다른 데, 매뉴얼은 일방적인 기준을 제시하고 있었습니다. 예를 들어, 나이 드신 환자라고 해서 무조건 환자의 팔짱을 끼고 동반하면 좋아할까요? 꼭 그렇지는 않습니다. 스킨십을 불편하게 생각할 수도 있습니다. 무제한적으로 친절을 베풀어주는 게 능사는 아닌 것처럼 말입니다. 밑 빠진 독에 물붓기식으로 친절을 베

푸는 것도 문제입니다. 직원들은 항상 다른 병원, 다른 부서보다 더 친절하기 위해 노력해야 합니다. 여기에 더해 고객의 요구는 점점 더 다양해지고, 변덕스러운 고객 만족의 기준도 직원들을 어렵게 합니다. 이렇듯 친절에는 끝이 없습니다. 그래서 친절만 강조했다가는 직원들 모두 진이 빠지고 맙니다. 친절 말고 우리 병원의 핵심 가치가 그 자리를 대신해야 합니다.

브랜드 북 만들기

보통 병원 컨설팅을 하게 되면 이즈음에서 '브랜드 웨이'(Brand Way)라고 부르는 '브랜드 북'의 초안을 작성합니다. 우리 병원의 브랜드 컨셉과 슬로건 그리고 핵심 가치와 행동 원칙 등이 정리된 책입니다. 바로 우리 병원의 '컬처북'입니다. 이 책은 브랜드를 지키고, 유지하는 방법이 적혀 있는 브랜드 매뉴얼이자 가이드북과 같습니다. 브랜드의 방향, 정신, 행동, 서비스, 업무 방식, 문화까지 브랜드의 총체적인 내용을 정리하고 규정한 브랜드 아카이브입니다. 그리고 더 중요하게는 의사결정의 기준이 되는 법전과도 같은 책입니다.

어느 날, 모 병원의 원장님이 이런 질문을 해왔습니다. "대표님, 저희 직원들이 데스크에 바퀴 달린 의자를 놓고 싶다는데 놓을까요? 말까요?" 아마도 직원들은 바퀴 달린 의자가 이동에 편리해서 원장님에게 요청했을 것입니다. 요청을 들은 원장님 또한 직원의 불편함을 그냥 지나칠 수는 없었습니다. 그런데 원장님은 직원들이 바퀴 달린 의자에 엉덩이를 붙인 채로 의자를 끌며 이동하는 모습이 마음에 걸렸습니다. 그래서 쉽게 결정을 내리지 못하고, 저에게까지 의견을 물어온 것이었습니다.

저는 다음과 같이 말했습니다. "우리 병원의 브랜드 컨셉은 '참답다'입니다. 참다움을 전달하기 위해 우리는 참다운 서비스를 하자고 약속했습니다. 참다운 서비스를 하는데 바퀴 달린 의자를 놓는 게 과연 옳은 일일까요? 아닐까요?" 사실 이 질문에 정답은 따로 없습니다. 경영자(병원장)의 판단만 있을 뿐입니다. 그런데 브랜드 가치가 의사결정의 기준이 되면 경영자는 의사결정이 쉬워지고 명확해집니다. 그리고 결정된 사안에 대해 다른 구성원들로부터 공감을 얻기도 쉬워집니다.

다음과 같은 문제를 결정해야 한다고 가정해보겠습니다. 옆 병원에서 발레파킹(대리주차)을 도입했다는데 우리도 발레파킹을 할 것인가, 말 것인가? 이 장비를 도입해서 새로운 진료 클리닉을 확장할 것인가, 말 것인가? 생각보다 결정하기 어려운 문제입니다. 그런데 이 문제가 병원이 추구하는 가치에 맞는지 질문하면 금방 답이 나옵니다. OOO이라는 우리 병원 브랜드 가치에 발레파킹이 맞는 걸까? OOO이라는 우리 병원 브랜드의 가치에 진료 클리닉 확장이 맞는 걸까?

병원장은 하루에도 크고 작은 수많은 의사결정을 합니다. 내부 문화, 서비스, 마케팅, 리더십 등 여러 분야에 걸쳐있습니다. 이때 무엇을 기준으로 삼아야 할까요? 회계? 의사로서의 소명? 대외 이미지? 직원 의견? 하지만 이런 것들은 부차적인 요소일 뿐입니다. 더 근원적으로는 앞에서 수차례 강조한 것처럼 브랜드 컨셉으로 결정해야 합니다. 병원의 핵심 가치와 행동 원칙은 의사결정의 기준이자 예시입니다. 즉, 해야 할 것과 하지 말아야 할 것을 명확하게 해주는 기준입니다. 기준이 서면 생각이 가벼워지고 다른 일에 몰두할 수 있습니다. 이는 병원 경영의 출발점입니다.

브랜딩과 경영은 분리된 게 아닙니다. 브랜딩이라고 해서 마케팅만을 생각하기도 하는데, 브랜딩을 하는 순간 경영도 함께 시작됩니다. 그렇게 보면 브랜딩은 마케팅보다 훨씬 더 큰 개념이라고 할 수도 있습니다. 따라서 광고, 홈페이지, 공간 디자인, 접객 서비스, 가운과 명찰 등 모든 것에 우리 병원의 브랜드 콘셉트가 잘 녹아 있는지 확인해야 합니다.

그동안의 컨설팅 경험으로 미루어 볼 때, 지속적이고 일관된 브랜딩은 환자들끼리의 소개율이나 병원의 시장점유율을 오르게 하는 것은 물론이고, 직원의 이직률을 낮추는 효과도 발휘합니다. 그뿐만 아니라 병원 자체의 가치가 올라 가격 프리미엄의 효과까지도 만들 수 있음을 확인했습니다. 이제는 친절 매뉴얼 대신 브랜드 매뉴얼로 우리 병원의 브랜드를 완성해야 합니다.

9

브랜드 중심의
인재채용

병원의 브랜드가 정해지면, 브랜드의 핵심 가치는 모든 의사결정의 기준이 된다. 이는 병원 경영을 효율적으로 바꾸어 놓는다. 그리고 우리 병원에 맞지 않는 직원을 뽑는 실수도 하지 않게 된다.

"직원을 채용하기가 너무 힘듭니다." "어렵게 직원을 채용해도 오래 있지 못하고 나가버립니다."

많은 병원 원장님이 이런 고민을 합니다. 비즈니스의 성공 요인 중 하나로 사람(인재)을 꼽습니다. 그런데 이렇게 직원 채용이 어려우면, 병원의 성공은 요원하다고 볼 수밖에 없습니다. 그러다 보니 원장님은 좋은 인재를 생각하고 뽑기보다 나랑 잘 맞아 오래 일할 것 같은 사람을 채용합니다. 즉, 직무보다 자신의 취향에 맞는 사람을 선호합니다. 그런데 오히려 그 직원은 잘 적응하지 못하거나 내부 직원들과 융화되지 못해 결국 그만두기도 합니다.

좋은 병원 문화는
적합한 인재로부터

세계 최대 동영상 스트리밍 서비스 업체인 넷플릭스는 2001 년 인터넷 버블 붕괴로 직원의 3분의 1을 해고했습니다. 그런 데 살아남은 직원들이 이전보다 더 의욕적으로 일하고 성과도 더 크게 냈습니다. 뛰어난 인재들이 모인 조직에서는 인재 밀 도(talent density)가 극적으로 증가해 오히려 제 실력을 발휘하기 위해 더 노력한다는 사실을 확인할 수 있었습니다. 그래서 넷 플릭스 창업자이자 최고경영자인 리드 헤이스팅스는 다음과 같은 말을 남겼습니다. "회사의 인재 밀도를 높이려면 창의적 인 직책에 사람 10명을 앉힐 생각을 하지 마라. 대신 아주 뛰어 난 인재 1명을 채용하라." 이런 내용을 담고 있는 넷플릭스의 『규칙 없음』은 제가 몇 번이고 정독했던 책입니다. 한 회사의 대표로서, 직원 문제로 항상 고민하던 제게 많은 인사이트를 주었습니다. 짐 콜린스 역시 그의 책『좋은 기업을 넘어 위대한 기업으로』에서 버스보다 거기에 태울 사람이 먼저라고 말한 바 있습니다. 그는 회사에 적합한 사람이 가장 중요한 자산이 라고 말했습니다.

앞에서 소개한 바 있는 세계 최고의 병원 메이요 클리닉의 채용 과정은 무척 간단합니다. 기준은 단 하나입니다. '환자의 필요가 최우선이라는 병원의 핵심 가치를 추구하는 사람'입니다. 병원은 핵심 가치를 유지하고 노력하는 사람을 뽑기 위해 충분한 시간과 많은 단계를 거칩니다. 그리고 이후 꾸준한 교육으로 직원들이 핵심 가치를 공유할 수 있도록 노력합니다. 이때 메이요 클리닉의 문화가 불편한 사람은 입사 후 1~2년 내에 병원을 떠납니다. 심지어 가치가 일치하지 않는데도 떠나지 않는 사람이 있다면 가차 없이 퇴사를 권유합니다. 엄격하게 관리하지 않으면 결국 내부에 잘 쌓아둔 문화까지도 망치게 된다는 것을 잘 알고 있기 때문입니다. 이렇게 핵심 가치에 맞는 인재 밀도를 높여가는 것, 이것이 브랜드 문화를 만들어가는 방법입니다.

"취업설명회에서 우리는 직업이나 회사에 대한 열정을 눈여겨 봅니다. 좋은 자격증이 있다고 해서 모두가 성공적인 것은 아니니까요." 서비스 경영으로 유명한 뱁티스트의 헬스케어 (Baptist Health Care, 미국 플로리다에 있는 병원으로 2003년 말콤볼드리지 국가품질상을 수상했다)의 채용담당관 얘기입니다. 그가 말하는 '직업이나 회사에 대한 열정'은 곧 핵심 가치에 대한 열정을 뜻합니다.

한 번은 제가 컨설팅하는 병원에 중간 관리자 자리가 공석인 일이 있었습니다. 성장 가능성이 있는 병원이어서 제가 더 수소문하며 좋은 사람을 찾았습니다. 때마침 오래전에 알았던 좋은 실장님 한 분이 계셨습니다. 그분을 잘 설득해서(소개하는 병원의 브랜드 컨셉을 충분히 설명하고서) 다시금 일할 수 있도록 말씀드렸습니다. 그렇게 좋은 인재를 채용한 병원은 아니나 다를까 금세 시스템이 잡히고, 미팅이 활성화되면서 소통도 원활해지고, 무엇보다 환자를 대하는 분위기나 태도가 많이 바뀌게 되었습니다.

훌륭한 직원 한명으로 겪는 드라마틱한 경험은 수없이 많습니다. 좋은 인재 한 명이 병원에 더 많은 수익을 창출하고 열매를 직원들과 함께 나눠 가질 때 환자도 더 나은 서비스를 받을 수 있습니다. 이 같은 인재 채용의 시작은 우리 병원의 브랜드 가치와 문화를 충분히 설명하고 이를 잘 이해하는지 판단하는 것에서부터 시작됩니다.

인재 채용 사례

뱁티스트 종합병원(뱁티스트 헬스케어의 주력 병원)은 브랜드 컨셉 기준으로 인재상을 알리고 이에 적합한 사람을 뽑는 것으로 유명한 곳입니다. 이곳의 입사지원서에는 '뱁티스트다운 행동지침'이란 것이 있어 병원이 그동안 이룩한 문화가 무엇이고 이들이 바라는 것이 무엇인지 명확히 알 수 있도록 했습니다. 그래서 병원과 맞지 않는 지원자를 걸러내는 역할을 했습니다.

아래는 그 내용입니다.

- 태도: 고객을 만나면 미소와 친절한 태도로 환영합니다.
- 외양: 전문가답게 단정한 옷과 배지를 바로 착용합니다.
- 소통: 환자에게 이해가 쉽고 적절한 용어를 사용합니다.
- 동료에 대한 헌신: 서로 정중하고 정직한 대우와 존경을 받을 자격이 있는 전문직업인으로 대합니다.
- 주인의식: 일터와 주변 환경을 깨끗하고 안전하게 유지하며, "내 일이 아닙니다"라는 말은 하지 않습니다.

이런 행동 기준에서 보듯 뱁티스트 종합병원은 브랜드 가치에 맞는 고객 중심적이고, 소통이 원활한 인재를 채용합니다. 따라서 이를 알고서 들어온 직원은 병원이 추구하는 브랜드에 맞게 행동합니다.

모 척추병원 원장님도 직원 때문에 고민이 많았습니다. 개원 초기를 지나 경영이 안정화 단계에 이르렀지만, 중간관리자인 도수치료 실장으로 마음고생이 이만저만이 아니었습니다. 그 실장은 오래 근무를 했을 뿐만 아니라 실장을 보러 일부러 오는 환자도 많을 정도로 상당한 실력도 갖고 있었습니다. 그런데 병원 정책에 불만이 많고 부정적인 피드백이 많다는 게 문제였습니다. 그럼에도 원장님은 도수치료를 전담할 직원이 없다는 생각에 그를 정리하지 못하고 있었습니다. 저는 다음과 같이 말씀드렸습니다.

"직원들이 브랜드 가치가 무엇인지 알 수 있도록 하고, 그에 맞는 행동을 하도록 유도하셔야 합니다. 그러면 이를 달가워하지 않은 직원은 스스로 견디지 못하고 나가게 되어 있습니다. 빈자리를 채워줄 실력 있는 후임자는 반드시 들어옵니다. 병원을 브랜드의 핵심 가치에 걸맞은 인재로 채워야 합니다. 절대 미루지 마세요. 미루다가는 다른 직원에게까지 나쁜 영향을 미치게 됩니다."

병원의 모든 업무에는 브랜드 정체성이자 가치가 모든 의사결정의 기준이 되어야 합니다. 이렇게 하면 무엇을 하든지 일관되고 명확한 기준하에 의사결정을 하기 때문에 잘못된 판단을 하는 손실을 보지 않습니다. 그리고 이 같은 의사결정은 병원 구성원 전부의 합의에 따라 만들어질 수 있기 때문에 서로 옥신각신할 이유도 없습니다. 직원들의 에너지 손실을 줄이고, 직원들의 역량을 최대치로 끌어 올리는 방법입니다.

정리해보겠습니다. 직원 문제로 고민하지 않으려면 처음부터 우리 병원의 브랜드 가치에 맞거나 동의하는 사람을 채용해야 합니다. 그래야만 병원의 브랜드를 더욱더 탄탄하게 구축할 수 있습니다. 따라서 채용을 진행하기 전에 브랜드 컨셉과 핵심 가치에 맞는 인재상을 먼저 만들고, 면접 질문에도 관련 항목을 반드시 넣어야 합니다. 만약 이 같은 까다로운 조건 때문에 직원이 뽑히지 않는다면, 더 나은 근무 조건을 제시해야 합니다. 이는 직원에 대한 투자이고 병원에 대한 투자입니다. 병원장님이 의지를 보이는 순간 인재 밀도는 높아집니다. 핵심 가치에 맞는 인재 밀도가 우리 병원의 병원다움을 지킬 수 있다는 것을 기억해야 합니다. 우리 병원의 브랜딩 완성은 사람이 한다는 사실, 잊어서는 안 됩니다.

3부.
브랜드 경험 설계하기

(10) 브랜드와 일치된 고객 경험의 중요성

브랜드 컨셉을 완성한 후 직원들과 충분한 소통까지, 만반의 준비를 끝냈다. 이제 고객을 맞을 차례다. 고객에게 전하는 멘트에서부터 시작해서 고객이 이동하는 경로까지 병원에서 하는 모든 경험의 밑바탕에는 브랜드 컨셉이 존재해야 한다.

"광고와 SNS를 접하고 왔는데, 와보니 정말 아니네요." "실제 병원의 다른 모습에 정말 속았다는 말밖에 안 나옵니다." "네이버 광고의 힘입니다. 가지 마세요."

어느 병원 홈페이지를 모니터링하다 발견한 후기 글입니다. 왜 이런 분노 아닌 분노를 표출하고 있는 걸까요? 병원 방문 전에 하던 기대와 내원 후 받은 경험이 너무 달라서입니다.

브랜드는 약속을 지키는 것과 같습니다. 여기서 '약속'이란 무엇일까요? 실제 우리가 지킬 수 있으면서 동시에 고객이 우리 병원을 다른 곳과 다르게 인식하는 무엇입니다. 이 약속을 지키지 못한다면 브랜드는 허상일 뿐입니다. 브랜드 이름을 내건 약속은 통합적인 관점에서 일관되고 일치된 경험으로 전달되어야 합니다. 그래야만 브랜드는 실체로서 생명력을 갖게 됩니다.

'볼보자동차는 내구성이 좋고 안전합니다.' 볼보자동차 홍보 기사에서 접한 문구입니다. 이는 단지 볼보사에서 내세운 브랜드 광고에 그치는 걸까요? 그렇지 않습니다. 볼보차에 대한 고객의 경험과 일치합니다. 실제로 오랜 연식의 볼보차들이 거리를 주행하고 있습니다. 미국의 한 고객은 1966년형 볼보차(P1800)를 타고 450만km라는 주행 거리를 기록해 기네스북에 올랐습니다. 또 5중 추돌사고에서 볼보 차량 탑승자만 멀쩡했다는 기사를 본 적도 있습니다.

이렇듯 수많은 고객이 볼보의 내구성과 안전을 실제로 경험하고 있습니다. 그래서 이구동성으로 튼튼하다, 안전하다는 평가를 합니다. 볼보라는 브랜드와 고객의 경험이 일치하는 순간입니다. 만일 볼보의 고객이 내구성과 안전이 아닌 할인된 가격 그리고 친절한 A/S를 경험했다고 가정해 보겠습니다. 이때도 '내구성과 안전'이라는 가치가 볼보 브랜드의 실체로 남아 있을 수 있을까요? 그렇지 않을 것입니다. 지금부터는 이 브랜드 경험을 이야기해보고자 합니다.

고객 경험이
중요한 이유

여성 암 환자를 위한 느루요양병원은 차원이 다른 경험을 제공하는 곳으로 유명합니다. 근데 여성 암 환자만을 위한 요양병원이라니 특이하지 않나요? 느루요양병원은 이에 대해 이런 대답을 합니다.

"남성 암 환자는 아내의 도움으로 집에서도 얼마든지 요양할 수 있다. 하지만 여성 암 환자는 남편들 대부분이 경제 활동에 나서기 때문에 집에서 아내를 적극적으로 보살피기 힘들다. 그래서 느루요양병원은 여성 암 환자만을 위한 공간을 만들어 집보다 편안하고 안락한 요양을 목표로 했다."

느루요양병원은 다른 요양병원과 다르게 병실이 아닌 1층 레스토랑에서 식사하도록 합니다. 건강한 한 끼를, 병원에서도 즐길 수 있도록 한 것입니다. 실내도 최대한 병원 느낌이 나지 않도록 꾸몄습니다. 마치 가정집 침실처럼 보이도록 집에서 사용하는 일반 가구를 들여놓았습니다. 마지막으로 맨 꼭대기 층은 휴식 공간(사우나, 느루 스파, 미니 정원)으로 꾸며져 있습니다. 느루는 '한꺼번에 몰아치지 않고 오래도록'이라는 의미를 가진 순 우리 말입니다. 그래서 병원은 이름이 가진 뜻 그대로 브랜드 컨셉과 핵심 가치 등을 공간으로 경험하도록 했습니다.

느루요양병원과 달리 많은 병원들이 브랜드 컨셉을 잡기만 할 뿐 정작 고객의 경험에는 무심한 경우가 많습니다. 병원 브랜드의 가치와 철학이 광고와 홈페이지 문구, 대기실 안내 문구에만 머뭅니다. 그러고는 내원 환자에게 오로지 친절과 고품격 서비스 제공이라는 것만 생각합니다. 이러면 환자는 우리 병원의 고유한 브랜드 가치는 전혀 경험하지 못합니다. 사실 친절하지 않은 병원은 없습니다. 친절함은 기본이고 병원에 대한 특별한 기억과 경험이 머릿속에 남아야 남다른 브랜드가 됩니다. 만약 브랜드 가치 대신 오직 친절함만으로 승부한다고 했다면 더 친절한 병원이 나타났을 때 우리 병원은 금방 잊히게 됩니다. 그런데 많은 병원이 이 사실을 직시하지 못하고 그저 친절함만을 내세웁니다.

브랜드 경험

'브랜드 경험'이란 도대체 무엇일까요? 브랜드 경험은 그 브랜드와 관련된 고객의 모든 경험으로 정의할 수 있습니다. 즉, 병원에서 제공하는 모든 의료 서비스를 지칭합니다. 여기에는 고객이 병원 문을 열고 들어와 진료와 상담 등을 마치고 나가기까지의 모든 프로세스가 포함됩니다. 의사의 진료, 직원의 행동, 태도, 물리적인 환경, 이용 절차 등 하드웨어부터 소프트

웨어 그리고 휴먼웨어까지 모두 포함되어 있습니다.

병원은 그 어떤 서비스 기업보다 긴 프로세스를 가지고 있습니다. 홈페이지에 접속해서 글을 남기고, 전화하고, 주차하고, 접수하고, 대기하고, 상담하고, 탈의하고, 검사받고, 진료를 받습니다. 다시 이동하고, 치료받고, 수납하는 등의 과정을 거칩니다. 이 프로세스는 서비스 상품 그 자체이기도 하면서 동시에 서비스를 전달하는 유통 과정이기도 합니다. 예를 들어 어떤 병원이 있습니다. 이 병원에 들어서면 직원들이 밝게 눈인사를 하고, 기다리고 있었다는 듯 환자를 맞이해줍니다. 대기할 동안 내 이름이 적힌 리플렛이 놓여진 자리를 안내받습니다. 담당 직원은 본인 소개를 하고 어떤 검사인지 설명과 함께 검사 방법도 알려줍니다. 미세 현미경을 활용한 검사라며, 더 정확한 진단이 가능하다고 신뢰를 줍니다. 이때 환자가 고개를 돌렸더니 수술 부작용을 줄이기 위한 4중 멸균시스템이라고 부착된 수술실 안내문도 볼 수 있습니다. 환자는 한 번 더 안심합니다. 병원에 들어와 진료를 받고 나가기까지 이런 신뢰의 과정을 마치 연주회 음악을 감상하듯 매끄럽고 자연스럽게 만납니다. 이 과정에서 고객은 편안함과 안정감을 느낍니다.

물론 일부 원장님은 이렇게 반문하기도 합니다. "지금은 온라인 시대입니다. 디지털에 모든 역량을 퍼부어야 하지 않을까요? 일단 방문하는 환자만 늘어나면 괜찮지 않을까요? 친절한 정도면 되지 직원들에게 뭔가를 더 요구하는 것은 어렵습니다. 요즘은 채용도 쉽지 않아 직원들을 힘들게 하고 싶지는 않습니다." 그런데 고객이 밖에서 인지한 브랜드 이미지와 실제 방문해서 느낀 경험적 이미지가 다르다면 어떻게 될까요? 혹은 그 병원만의 브랜드 정체성을 느낄 수 없다면 어떻게 될까요? 지금은 어떤 브랜드도 자신의 실체를 숨길 수 없습니다. 과거에는 외부로 보이는 가짜 이미지로 이미지 메이킹을 할 수도 있었습니다. 그렇게 유지되는 병원 브랜드도 없지 않았습니다. 하지만 지금은 환자들이 광고는 스킵해도 댓글은 꼼꼼히 읽습니다. 후기나 리뷰 콘텐츠가 병원 선택의 중요한 기준이 되고 있습니다. 경험자의 한 마디 한 마디가 중요한 디지털 세상에서는 자신을 속이는 이미지 메이킹은 불가능합니다. 진실은 SNS를 통해 단 몇 초면 수많은 사람들에게 공유됩니다.

브랜드 내외부 이미지가 일치하지 않거나, 고객이 접하는 내부 접점에서의 나쁜 경험은 결국 초라한 성과로 연결됩니다. 따라서 내부 브랜드의 경험 설계가 되지 않은 상태에서 고객 유입은 밑 빠진 독에 물을 붓는 격입니다. 브랜드 가치를 느끼지 못하는 것은 당연하고, 재방문을 하지 않는 것은 물론이며 다른 환자로의 소개도 기대할 수 없습니다. 혹시나 해서 왔다가 다시는 오지 않는 일회성 고객만 남게 됩니다.

브랜드의 가치를 담는
고객 경험 설계

한 중년 여성이 임플란트를 하려고 스마트폰으로 '임플란트'로 검색하자, 수많은 치과가 연이어 나왔습니다. 이분은 합리적인 가격대와 안전을 중시하는 환자입니다. 널리 이롭게 한다는 뜻의 '홍익'이라는 단어에 마음이 끌려 '홍익치과'를 선택했습니다. 병원 홈페이지에도 널리 이롭게 한다는 병원의 브랜드 정체성이 소개되고 있었습니다. 그런데 이분은 치과를 방문하고는 실망하고 말았습니다. 고가의 임플란트 재료를 사용한다면서 시술 비용이 타 병원 대비 터무니없이 높았습니다. 그리고 상담 과정에서 담당자가 너무 전문 용어를 남발해서 무슨 말인지 이해하기도 힘들었습니다. 원장님 태도 또한 매우 사무적이어서 한마디 말도 걸지 못할 정도였습니다. 데스크 직원들만 CS 교육을 잘 받았는지, 친절하게 응대하는 태도가 느껴졌습니다. 이 치과는 '홍익'을 브랜드 가치로 표방했지만, 실제 서비스는 그와 동떨어져 있었습니다.

환자 고객을 배려해서 정성스럽게 식단을 짠다고 해도 결코 모든 고객을 만족시킬 수는 없습니다. 똑같은 음식을 놓고 어떤 환자는 싱겁다고 하고, 어떤 환자는 짜다고 합니다. 이런 문제에 봉착한 어느 병원은 친환경 유기농 식재료를 사용하고 최고 수준의 요리 연구가를 상주시켰습니다. 그런 다음 정성껏 요리하고, 메뉴를 구상하는 모습을 영상으로 만들어 공개했습니다. 환자들은 내가 먹는 한 끼에 어떤 노력과 정성이 들어가는지 직접 눈으로 확인할 수 있었습니다. 그 이후부터 환자들은 환자식을 먹으며 '짜다, 싱겁다' 등의 주관적인 평가를 하지 않게 되었습니다. 오히려 위로와 치유의 한 끼를 접할 수 있었다며 좋다는 반응을 더 많이 보였습니다.

또다른 사례를 보겠습니다. 병원에서 가장 부정적인 환자 경험은 바로 치료 시 겪게 되는 '통증'입니다. 통증이라는 부정적 경험을 긍정적 경험으로 바꾸려면 어떻게 해야 할까요? 주사 처치 시 환자의 통증 케어를 단순히 친절한 서비스로 접근한다면 이 정도입니다. "따끔합니다(사전 고지)" "많이 아프셨죠(공감)" "잘 참으셨어요(감정의 지지)" 그런데 〈EBS 다큐프라임〉에 소개된 착각 실험 중 어느 치과의 사례를 눈여겨보았습니다. 그 치과는 환자에게 가짜 리모컨을 주고 버튼을 누르면 통증이 줄어든다고 말했습니다. 실제 치료가 끝나자 환자는 아플 때마다 버튼을 눌렀더니 고통이 줄어든 것 같다고 말했습니다. 이는 실험이지만 실제 현장에서도 활용될 수 있습니다.

필러를 맞을 때도 몹시 고통스럽습니다. 그래서 한 병원에서는 고객의 턱에 진동기를 가져다 대기로 했습니다. 그리고 주사를 맞을 때마다 진동을 주었습니다. 주사 부위에 대한 신경

집중이 분산되자 통증이 덜 느껴지는 효과가 있었습니다. 그 결과 고객은 이 병원은 덜 아픈 필러를 하는 곳이라고 생각하게 되었습니다.

의례적인 친절함을 넘어 통증을 경감시킨 경험을 제공하는 것. 이것이 작지만 특별함으로 기억되는 서비스입니다. 병원은 오로지 브랜드의 가치(앞에서의 예는 통증 경감)를 전달하는 데만 전념하면 됩니다. 그렇게 되면 무조건 친절해야 하고 무조건 만족하게 해야 한다는 맹목적인 서비스에서도 벗어날 수 있습니다. 이렇듯 브랜드 가치는 남들이 하지 않는 것으로 바꿀 때 더 빛이 납니다.

의료계 최초로 '고객 만족' 개념을 도입해 서비스 혁신을 주도해 온 삼성서울병원은 최근 가치 중심으로 변화를 시도하며 다음과 같이 말했습니다. "하나의 지침으로는 다양한 사람들과 병원 현장의 무수한 상황을 통제하기 불가능합니다. 환자 경험을 개선하기 위한 모든 노력은 결국 직원들의 선택과 행동으로 결정됩니다. 흩어져 있는 우리 직원들의 관점과 마음을 같은 가치로 정렬한다면, 고객마다 다른 서비스를 경험해도 우리 병원만의 서비스 패턴을 만들 수 있습니다. 이러한 패턴들이 모여 우리만의 서비스 문화가 만들어질 것입니다."

이번 글에서 말씀드리고자 하는 내용을 정리해보겠습니다.

친절로 대표되는 고객 만족 패러다임은 이제 버려야 합니다. 대신 브랜드 가치에 의한 고객 경험으로 바꾸어야 합니다. 고객이 병원 프로세스에서 브랜드 가치를 경험하지 못한다면 그 브랜드는 실체가 없다고 해도 과언이 아닙니다. 이때의 브랜드 경험은 단순히 친절하고 고급스러운 서비스만 의미하는 것은 아닙니다. 브랜드 철학과 일치된 경험의 총체를 의미합니다. 브랜드 철학에 맞게 병원의 공간, 치료, 서비스를 제공하고 이 모든 것이 조화를 이룰 때 가능합니다. 그래야만 고객의 브랜드 경험이 온전하게 완성될 수 있습니다. 브랜드로 인식된 경험은 고객을 다시 오게 합니다. 그리고 자신의 경험을 주변에 공유하기 시작합니다.

(11)

브랜드 경험의 시작과 끝,
고객여정지도

우리 병원의 서비스가 시작되는 시점에서부터 끝나는 시점까지 고객 여정을 그림으로 그려보자. 여정마다 우리 병원의 정체성이 잘 인지되도록 설계되어 있는지 따져보자. 가장 먼저는 고객과의 대화 멘트, 병원 내 안내 문구 그리고 대기 장소와 대기 시간, 이후 예약 처리까지 꼼꼼히 설계되어야 한다.

"저희는 최고 의료진으로 최상의 진료를 하고 있습니다. 이것 말고 굳이 다른 서비스에 신경을 쓸 필요가 있을까요?" "데스크 직원들이 고객에게 친절하게 응대해주고 있습니다. 그래서 서비스에 대해 큰 걱정을 하지 않습니다."

가끔 이렇게 말하는 원장님을 만날 수 있습니다. 의료 서비스의 핵심은 진료인 만큼 진료만 잘하면 된다거나, 고객에게 친절하게 응대하는 데스크 직원의 서비스가 고객 서비스의 전부라고 생각하는 경우입니다. 병원은 모든 접점에서 고객에게 좋은 경험을 전달해야 합니다. 그런데 접점마다 긍정적 경험 혹은 부정적 경험이라고 판단하는 시간은 단 15초에 불과하니

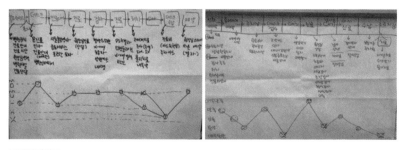

고객여정지도

다. 이 짧은 순간을 '진실의 순간(Moment of Truth)'이라고 부릅니다. 고객 접점은 크게 병원 방문 전 접점(마케팅, 광고, 웹사이트 등)과 병원에서의 접점(매장, 직원 등), 병원 방문 이후 접점(고객관리 프로그램 등)으로 구분됩니다.

고객의 접점을 잘 관리하기 위해서는 '고객여정지도'(Customer Journey Map)을 활용해볼 수 있습니다. 고객여정지도는 서비스를 경험하는 고객이 서비스를 접하기 시작하는 시점에서부터 서비스가 끝나는 시점까지 겪는 경험을 차례대로 나열하고 이를 시각화 하는 것을 말합니다. 고객의 구매 과정을 하나의 여행으로 설정하고 그 여정을 나타낸 지도입니다. 이렇게 수집하고 정리한 고객여정지도는 고객 경험을 설계하고 관리하는 핵심적인 도구가 됩니다.

지금 당장, 화이트 보드에 우리 병원의 고객여정지도는 어떻게 되는지 한 번 그려보십시오.

먼저 언어로
전달해보자

고객 접점에서 브랜드 가치를 전달하는 일은 굉장히 어렵습니다. 매일 같이 다른 사람을 만나고 대화하는 일 자체가 많은 에너지를 필요로 합니다. '가치를 잘 전달해야지'라고 의식적으로 생각하는 것만으로는 부족합니다. 몸에 배어 있어야 물 흐르듯이 반응할 수 있습니다. 하나씩 살펴보겠습니다.

가장 먼저는 언어입니다. 글과 말로써 브랜드 가치를 전달하는 방법입니다. 가장 쉽고 가장 비용이 들지 않습니다. 브랜드 가치는 통상 추상적이기 때문에 직원과 고객이 이해할 수 있도록 쉽고 구체적인 구두 언어로 표현되거나, 명쾌한 문장으로 보여주는 것이 중요합니다. 예를 들어 우리는 '청결'이 중요한 가치라면 직원들은 "청결을 위해 소독하겠습니다" "소독 부탁드립니다" "한 번 더 소독하겠습니다" "멸균 처리된 소독 기구입니다" "눈앞에서 개봉해드리겠습니다" 등의 표현과 행동을 해야 합니다. 할 말을 미리 정해두면 사람의 생각과 행동이 같아지게 되고, 고객은 "이 병원은 매우 청결하고 위생적이구나. 이렇게 할 정도면 수술실에서는 오죽 철저하겠어"라고 생각합니다. 브랜드 가치는 이런 과정에서 만들어집니다.

그런데 브랜드 컨셉이 명확하지 않은 병원이라면 고객 만족과 친절만 강조하기 쉽습니다. "여기에 검체 받아오시면 됩니다." 그런데 이 말에 브랜드 컨셉(정확, 신뢰)을 담으면 "정확한 검진을 위해 이 무균 용기에 검체를 받아오시면 됩니다" "저희는 트리플 안전 검사를 통해 보다 정확하게 검사합니다" "안전을 위해 다시 한번 성함과 생년월일을 확인하겠습니다. OOO님 맞으십니까?" "지금 하시는 검사의 장비는 안전한 수술을 위해 최소 11가지 이상의 안전 항목을 사전 체크합니다" 등으로 말할 수 있습니다. 이처럼 고객 여정에 따라 중요한 표현들이 반복되면 자연스럽게 환자들의 인식 속에 병원 브랜드가 학습됩니다.

"저희 병원에서는 만성적으로 통증이 있는 분들을 치료하기 위해 통증의 원인을 척추, 근육, 근막, 신경, 영양에 이르기까지 5가지 측면에서 객관적으로 분석하는 통증 케어 펜타시스템으로 치료합니다. OOO님께서 좀 전에 받으신 검사는 통증 프리를 위해 진행한 것입니다. 척추, 신경, 영양에 해당하는 검사인 x-ray와 체열진단, 세포검사는 진료실에서 원장님이 해주실 거고요. 저는 뼈의 정렬과 근육 및 근막에 해당하는 검사 결과를 설명드리겠습니다."

모 척추전문 병원의 안내 멘트를 그대로 옮겨보았습니다. 이 병원은 고객의 브랜드 경험(통증 케어 시스템)을 위해 문구 도출에 많은 노력을 기울였습니다. 고객은 이러한 문구를 내원해서

퇴원하기까지 접점마다 경험합니다. 이는 강렬하게 고객의 뇌리에 남아 다른 척추 병원에서 낮은 비용을 내세우거나 최첨단 의료기기를 자랑한다 해도 이 병원은 다르다는 인식(혹은 감정)을 만들어 냅니다. 결국 병원의 충성 고객이 됩니다.

내원 전 고객
여정 관리

내원 전에 고객들은 홈페이지 등을 찾아보고 방문할 병원을 선택합니다. 이때 내원에 영향을 주는 요소는 병원 호감도, 위치, 진료 시간, 예약의 편리성 등입니다.

동대문 도매시장 내에 건강검진 및 소화기 내시경을 주력으로 하는 내과가 있었습니다. 이 병원은 이른 아침 시작되는 시장 특성을 고려해 아침 8시에 문을 열어 오후 6시에 문을 닫는 방식으로 시장 상인을 대상으로 고객여정을 관리했습니다. 또 다른 이비인후과는 시청역 근처에 있었는데, 근처 오피스 빌딩의 직장인들이 주된 환자군이었습니다. 이곳은 점심시간과 야간 진료에는 환자가 몰리지만 토요일(직장인 쉬는 날)은 방문 환자가 거의 없다는 점을 고려, 토요일은 단축 근무를 하고 평일 야간 진료 시간을 늘려 평일 환자 수요에 대응했습니다.

고객여정 중 가장 대표적인 불쾌한 경험 중 하나는 긴 대기 시간입니다. 긴 대기 시간은 고객을 가장 불편하게 합니다. 내부 진료 수준이 만족스러워도 반복되는 대기 지연은 고객을 이탈시키고 매출을 떨어뜨리는 결정적 요인이 됩니다. 대기 시간을 줄이기 위해서는 예약제가 필수인데, 제대로 시행이 안되는 경우 각종 시술 동의율도 낮아집니다. 예약제는 예약을 잡는 것과 더불어 예약 시간을 잘 이행하는 것도 포함됩니다. 다음은 예약이행률을 높이는 방법입니다. 중요한 사항인 만큼 조금 자세하게 다루어 보도록 하겠습니다.

고객과의 예약을 잡을 때는 상호 약속임을 강조합니다. 예약 내용이나 시간 등에 대해 환자가 스스로 "예스" 할 수 있도록 해야 합니다. 예스라고 답하면 지키기 위한 심리적 압박이 고객에게도 생깁니다. 그리고 예약을 취소하는 경우, 왜 변경하는지 묻고 향후 치료까지 바꾸는 거라면 현재 치료를 유지하는 것이 얼마나 중요하고 도움이 되는지 정확히 알립니다. 하지만 사정에 의해 꼭 바꾸어야 한다면 그 자리에서 다른 날짜로 재예약을 유도합니다. 그리고 초진이나 수술 환자는 내원 하루 전에 예약 확인을 하거나 금식 등과 같은 중요한 주의 사항을 문자나 전화 등으로 다시 한 번 더 알려줍니다. 예약 시간이 지나도 환자가 오지 않는다면 바로 전화를 해서 어떤 상황인지 확인하고, 조금 늦는 것이라면 진료 시간을 고려해 조정하고, 연락이 안 되거나 못 온다고 하면 부드럽게 미리 알려주면 좋다는 식의 주의를 주는 것도 좋습니다.

자세한 응대 요령과 예시 멘트 등은 뒤의 '접점 레벨' 관리에서 다시 설명해드리겠습니다.

경험 설계 사례

어느 안과를 컨설팅할 때의 일입니다. 컨설팅 전에 환자 고객을 대상으로 설문 조사를 했습니다. 고객 중 한 분이 "직원들이 나를 위해 움직이는 것 같아요, 감동받았습니다"라고 답변을 했습니다. 실제 병원을 살펴보니 이런 반응이 나오지 않을 수 없을 정도로 잘 관리되고 있었습니다. 환자의 안전을 위해 더 많은 검사를 했으며, 직원들이 교육에 열정적이었고 장비 점검도 철저했습니다. 원장님 또한 환자 한 명, 한 명을 정성스럽게 진료했습니다. 저는 이점을 주목, 이를 병원 컨셉으로 살려보기로 했습니다.

라식이라는 상품 카테고리를 가지고 가면서 그 병원이 가장 잘하는 '감동'이라는 본질적 가치를 담되, 호기심을 주기 위해 숫자 5를 넣어 '감동 라식 5'를 컨셉화 했습니다. 병원의 주된 영역에서 감동의 수준을 높이겠다는 의지를 담아 '안전 감동' '비용 감동' '결과 감동' '관리 감동' '나눔 감동' 이렇게 다섯 가지 포인트를 뽑았습니다. 컨셉이 병원의 브랜드가 되어 차별화

되려면 고객이 매 순간 감동이라는 감정을 느낄 수 있어야 합니다. 사실, 감동이라는 감정은 매우 주관적이며 사람 마다도 기준이 다르므로 컨셉으로 다루기가 마냥 쉽지만은 않습니다. 그럼에도 병원의 가장 큰 강점으로 다른 걸 꼽기가 어려울 정도로 친절과 감동이 배어 있었습니다.

컨설팅에 본격적으로 들어가 부서별로 감동 캠페인과 서비스 아이디어 제안 제도를 시행했고 비 오는 날 우산 대여하기, 환자와 동행하는 트리플 플랜 서비스, 수술 후 폴라로이드 사진 촬영과 손 편지 비치하기, 수술 시 원하는 음악 틀어 드리기, 종교 서비스하기(성경책과 묵주 드리기, 기도해주기), 수술 중 대기 헤드폰 서비스 제공하기 등을 고객 경험의 일환으로 제안했습니다. 그 외 고객집중시간, 고객응대 강화 시스템, 기부활동, 품질보증서 발급 등으로 다섯 가지 감동을 구체적으로 느낄 수 있도록 했습니다. 그리고 브랜드 가치를 전달하는 문구(안내 멘트)도 만들었습니다. 가령, 수술비 절감이라는 감동을 주기 위해 자체적인 비용 절감으로만 끝내지 않고 "수술비 절감을 위해 화장실 소품이나 일회용 컵 사용을 자제를 부탁드려요"라고 환자분들도 동참할 수 있는 권고의 말을 적용했으며 재활용 용지를 사용하면서는 "수술비로 돌려드리겠습니다"라고 안내했습니다. 여기에 라식 관리보증서를 발행할 때는 "OOO 결과와 OOO 관리를 약속해드립니다"라고 구체적인 약속을 했습니다. 당연히 브랜드 가치를 전달하는 말은 행동으로도 이어졌습니다. 직원들은 말과 행동으로 크게 의식하지 않고서도 고객에게 브랜드 경험을 선사할 수 있었습니다. 당연히 병원 분위기는 좋아졌고 직원 만족도도 높아졌으며 매출도 크게 향상되었습니다. 이에 원장님은 전체 직원들과 함께 해외 여행을 다녀오기도 했습니다.

아직까지 많은 병원이 단순히 친절만을 강조합니다. 하지만 차별화된 브랜드로 기억되도록 하기 위해서는 고객이 경험하는 모든 것(예약부터 방문 그리고 검사하고 치료하는 과정에서 만나게 되는 모든 사람과 진료까지)에 브랜드 정체성이 연결되어 한마디로 결이 맞아야 합니다. 특히 서비스를 제공하는 직원과의 관계에서 고객이 이 점을 분명히 느낄 수 있어야 반드시 기억하고 재방문을 합니다.

12

브랜드 가치를 높이는
고객 동선 설계

동선 개선만으로도 고객은 병원의 배려와 브랜드 정체성을 더 깊이 느낄 수 있다. 그리고 정기적으로 고객으로부터 브랜드 만족도 조사를 시행하고, 결과치를 직원들에게 공유하며 내부 프로세스 개선 등으로 활용한다. 평가와 반영이라는 과정은 브랜드 일체화에 중요한 역할을 한다.

"인력도 부족하고 너무 바빠서 도저히 이렇게 할 시간이 없어요." "이렇게 구구절절 설명하면, 오히려 대기시간이 길어져서 환자분 불평만 더 늘어날 겁니다." "지금도 대기시간 때문에 환자분들 불만이 많습니다."

접점마다 브랜드 가치를 전달하려면 설명이 덧붙게 되고 말이 길어질 수밖에 없습니다. 당연히 직원들의 응대 시간도 함께 길어집니다. 그리고 아무리 접수 서비스가 좋아도 복잡한 절차 때문에 오래 기다려야 한다면 고객은 좋은 경험을 한다고 생각하지 않습니다. 마찬가지로 대기 공간이 혼잡하고, 불러도 듣지 못하는 사각지대가 있다면 고객은 큰 불편을 겪습니다. 그래서 필요한 것이 바로 '프로세스 이노베이션'입니다. 브랜드 전달에 방해되는 요소와 불필요한 절차는 줄이는 개선입니다. 다음은 실제로 제가 진행했던 병원의 사례입니다.

프로세스
이노베이션 사례

첫 번째는 동선 개선으로 환자가 겪는 불편함을 해결하고, 소요 시간을 단축한 체형 교정 재활의학병원 사례입니다. 이 병원은 검사가 여러 공간으로 나뉘어 동선이 길고 환자의 혼선 및 불필요한 대기 시간이 많았습니다. 이 곳의 초진 프로세스는 "접수 ⇨ 대기 ⇨ 진료 ⇨ 탈의 ⇨ 대기 ⇨ X-RAY ⇨ 대기 ⇨ 인바디 ⇨ 대기 ⇨ GPS ⇨ 진료 ⇨ 대기 ⇨ 도수치료실 ⇨ 상담 ⇨ 착의 ⇨ 수납"이었고, 재진 프로세스는 "접수 ⇨ 탈의 ⇨ 대기 ⇨ 도수치료실 ⇨ 물리치료 ⇨ 운동치료 ⇨ 착의 ⇨ 수납" 순이었습니다. 보시는 것처럼 초진 프로세스가 복잡할 뿐 아니라 중간마다 대기가 계속 발생했습니다.

일단 운동치료실은 최소화하고 도수치료실을 확대해 오픈형으로 배치했습니다. 그 결과 대기 동선과 대기 시간이 줄어들었습니다. 또한 검사 장비를 한 곳으로 몰아 검사실에서 모든 검사가 이루어지게 했습니다. 그리고 탈의실과 검사실의 동선도 줄였습니다. 속옷 탈의 후 메인 로비로 이동한 후 대기해야 하는 문제점도 중간 대기실 확보로 개선했습니다. 재진 프로세스에서는 도수치료 전 메인 로비에서 대기 시간이 있다는 것을 발견했습니다. 이 문제점은 탈의 후 바로 운동치료를 하는 것으로 해결했습니다. 그리고 셀프 운동을 하다가 차례대로 도수치료 및 물리치료를 받을 수 있도록 변경했습니다. 이런 개선 작업으로 환자는 도수 치료 전 대기가 필요 없어졌습니다. 이렇게 불필요한 절차와 시간을 없애자 비로소 각 접점에서 브랜드 가치 전달에 더 집중할 수 있었습니다.

두 번째 사례 역시 대기 시간 때문에 많은 환자들이 불편함을 겪었던 난임 산부인과 사례입니다. 모 난임 전문 산부인과는 지역구 병원에서 탈피하여 전문성을 바탕으로 전국구 브랜드를 구축하고자 했습니다. 의료진의 전문성은 매우 높았습니다. 하지만 환자들 불만은 상당했습니다. 알고 보니 긴 대기시간 때문이었습니다. 난임 환자의 경우 생리 시기 등에 맞추어 병원을 방문해야 하니 미리 예약을 못 하는 일이 생길 수 있습니다. 그러다 보니 예약을 못 하고 방문하게 되면 무작정 기다릴 수밖에 없는데, 한 시간 정도면 양호하고 어떤 경우에는 서너 시간까지도 기다려야 했습니다. 그래서 고객들은 이 병원을 다른 사람에게 소개해주기가 꺼려진다고도 했습니다.

긴 대기 시간의 문제를 해결하기 위해 이렇게 하기로 했습니다. 대기가 일어나는 이유부터 확인했습니다. 원장님의 진료 시간이 너무 길고 환자에 따라 들쭉날쭉 했습니다. 또 내원 환자 수의 변동도 심했습니다. 일단, 당일 방문으로 예측이 불가한 환자 문제부터 해결해야 했습니다. 이를 위해 예약 가능 타임을 늘려 당일 환자라도 그날 예약을 할 수 있도록 해 가급적 무턱대고 대기하는 시간을 줄이도록 했습니다. 원장님 진료 시간도 줄일 수 있도록 예진실을 도입했습니다. 그리고 브로슈어를 제작해 구두로 일일이 설명하지 않고도 필요한 정보는 환자들이 숙지하도록 했습니다. 그리고 잘못된 대기(2층 원무과가 아닌 3층 행정실에서 대기)로 프로세스에서 빠지거나 이탈되는 고객이 생기지 않도록 헷갈리는 용어도 하나도 통일했습니다(원무과, 접수, 수납 등의 표현). 가시성을 높이고 직관적으로 이해할 수 있는 사인물을 배치하고, 다음 진료 순서 안내도 좀 더 정확하게 하도록 했습니다. 기다리는 시간의 지루함을 최소화하고자 대기 현황판도 배치했습니다. 이러한 절차 개선으로 1년 만에 고객 만족도가 높아졌고, 이후 병원의 확장 이전까지도 성공적으로 마칠 수 있었습니다.

세 번째 사례는 예약진료제 시스템을 만든 백내장 전문 안과 병원입니다. 이 병원은 예약제를 시행하고 있지 않아 대기 시간이 길었습니다. 오전 8시부터 환자들이 방문하기 시작해 8시 30분이 되면 이미 기다리는 분들이 20~30명이나 되었습니다. 게다가 백내장 전문이다 보니 상당수 환자가 고령이었습니다. 병원은 고령 환자의 이동을 최소화 하고자 대기석과 검사석을 같은 공간에 두고 있었습니다. 그랬더니 대기실의 시끄러운 소리 때문에 환자들은 검사자의 말을 잘 알아듣지 못하는 일이 많았습니다. 한 마디로 병원의 수술 실력은 좋으나 병원이 너무 복잡한 것이 문제였습니다. 환자들이 느끼는 피로도와 불만은 계속 증가했고 당장에라도 경쟁 병원이 생기면 언제든 이탈이 일어날 것 같았습니다. 급기야 병원 직원들의 이직률도 매우 높았습니다.

저는 먼저 예약제 시행을 위한 의사결정부터 추진했습니다. 하지만 내부에서는 찬반이 극명했습니다. 예약제를 언젠가는 해야 한다는 의견과 고령 환자를 대상으로 예약제를 하는 것 자체가 컴플레인(불만)을 유도하는 것이라는 의견이 팽팽하게 대립했습니다. 하지만 예약제를 안 하면 환자가 한 번에 몰리거나 텅 비거나 하는 수요 공급의 불균형 문제가 계속 생기기 때문에 더는 미룰 수 없다고 결론내렸습니다. 여러 혼란을 고려해 예약진료제를 순차적으로 도입하고 1단계에서는 수술 환자, 2단계에서는 검사 환자, 3단계에서는 예후 진료 환자까지 적용했습니다. 이후 예약 주도권을 갖는 예약 스킬 교육, 예약 성과 지표(취소율, 이행률 등) 등을 관리하면서 서서히 예약제 시스템을 원내에 정착시켰습니다.

예약제 실시 다음으로는 붐비는 대기 공간과 복잡한 동선도 바꿔야 했습니다. 메인 대기실이 검사환자, 수술 전 환자, 외래 환자 등이 모두 한 곳에서 대기하고 있어 무척 복잡했습니다. 일단 환자에 따라 대기 공간을 세 곳으로 분리하여 정체와 붐빔 현상부터 해소해야 했습니다. 그리고 일부 장비를 이동하여 복잡하고 긴 동선을 효율적이 되도록 했습니다. 분리된 공간에는 대기 현황판을 설치해 환자 입장에서 어느 정도를 기다려야 하는지 알 수 있도록 했습니다. 그리고 순서대로 진료가 되고 있다는 사실을 인지할 수 있도록 했습니다. 다음으로 진료 시 고령환자들의 반복적인 질문으로 시간이 길어지는 문제를 해결하고자 진료 대기 중 시청각 자료를 볼 수 있도록 하고 진료에 대한 이해도를 높이도록 했습니다. 이런 모든 조치 끝에 해당 병원은 어른신들이 가장 선호하는 곳으로 거듭났습니다.

평가되는 것들은
관리가 된다

브랜드 경험이 가능한 여러 장치를 새로 도입했다면 그 결과가 어떠한지 고객의 소리로 확인받도록 해야 합니다. 아울러 브랜드 가치대로 열심히 근무하는 직원을 보상하고, 프로세스에 재반영하는 노력도 같이 이루어져야 합니다. 그리고 브랜드 체크 리스트를 만들어 개인별, 부서별 점검을 하고 점검 결과를 미팅 때 공유하고 개선점을 찾는 작업도 해야 합니다.

컨설팅 전후 환자 고객을 대상으로 "우리 병원 하면 제일 먼저 무엇이 떠오릅니까?"라는 질문을 해봅니다. 만약 컨설팅 전에는 이 물음에 "친절하다" "가깝다"라고 했지만, 프로세스 등을 개선한 이후에는 "전문적이다" "의료기술이 높다"라고 답한다면, 브랜드 가치가 정확히 잘 전달되면서도 더 친절하다고 느끼고 더 만족스럽게 생각한다는 뜻이 됩니다. 또 어떤 병원은 브랜딩 전에는 병원 선택 이유로 '가격'을 뽑았는데, 브랜딩 이후에는 '의료장비의 수준과 의사의 실력'이라고 답했다면, 이 또한 브랜드 경험을 잘 할 수 있게 설계되었다고 말할 수 있습니다.

고객의 피드백은 우리 병원의 브랜딩 완성 여부를 판단하는 기준이 됨과 동시에 앞으로 어떤 것을 좀 더 관리해야 할지 방향성을 제시해 줍니다. 피드백을 받는 방법은 여러 가지가 있지만 같은 방법으로 동일 조건 하에 정기적으로 시행하고 계속해서 결과를 추적해나가는 것이 가장 일반적입니다. 당연히 조사는 객관적으로 이루어져야 하고, 조사 결과는 전 직원에게 공유되어서 격려, 인정, 개선의 피드백으로 활용해야 합니다.

컨설팅 했던 모 난임 병원은 브랜드 만족도에 대한 고객 피드백 제도를 만들고, 정기적으로 측정 및 개선하는 일을 했습니다. 그리고 병원의 핵심적인 진료 서비스인 인공수정과 시험관 시술 1차를 마치는 시점에 고객에게 작성을 부탁했습니다. 이렇게 모은 결과를 직원들과 함께 공유하고 고객이 남긴 의견을 내부에 다시 반영하는 시스템을 꾸렸습니다. 그리고 고객의 부정적 의견은 어느 접점에서 발생하는지, 고객 이탈 이유는 무엇인지 등을 확인하고 개선하는 작업도 함께 진행했습니다. 이 병원의 경우 진료비에 대한 불만이 다른 항목에 비해 높은 편이었는데, 그래서 다른 병원이 생기면 언제든 이동하겠다는 의견이 많았습니다. 병원은 이 같은 사실을 알고 높은 진료비만큼 높은 가치를 얻을 수 있다는 것을 환자들이 알 수 있도록 검사의 이유, 치료가 필요한 이유 등을 고객에게 충분히 설명하는 과정을 중요한 프로세스로 넣었습니다.

이처럼 점검하고 평가하고 개선하는 행동을 반복하면 구성원끼리 일체감이 생깁니다. 그리고 직원들은 점점 더 브랜드에 체화됩니다. 진료 시퀀스별(프로세스별) 고객에게 어떤 브랜드 경험을 약속했는지 상기하고, 이를 잘 이행했는지 끊임없이 반추하며 우리 병원의 경험 서비스로 정착해 나가도록 해야 합니다.

고객 경험을 설계하는 과정에 정답은 없습니다. 그리고 설계가 완료되는 순간 끝이 아니라 시작이라고 생각해야 합니다.

우리 병원에 맞게 설계한 후, 시행하고 개선해 나가는 과정 그 자체가 중요합니다. 우리 병원의 서비스 경험이 어떻게 연결되고 어떤 가치가 제공되는지, 병원 문을 나서는 고객의 머릿속에 총체적인 이미지는 어떠한지 항상 관심을 두고 지속해서 프로세스에 녹여내는 것이 관건입니다.

많은 수고와 노력이 들어가는 여정이지만 고객 경험은 우리만의 경쟁력이 되어 병원에 대한 충성도를 높여줍니다. 그러면 환자가 팬으로 바뀌고, 주변의 다른 사람에게 병원을 추천하는 이유가 만들어집니다. 한마디로 병원의 미래와 성장을 고객 경험이 좌우한다고 할 수 있습니다.

13

브랜드 가치를 높이는
접점 레벨 관리

고객 접점 관리는 매출과 직결되는 아주 중요한 포인트다. 이것만 잘해도 다른 마케팅(광고, 홍보 등)이 필요 없을 정도다. 직원들에게 접점 레벨의 중요성을 인식하게 하려면 초진 환자 1인당 유입 비용을 알려주고 예약률과 상담동의율 목표를 제시해야 한다.

접점 레벨의 관리는 정말이지 너무나도 중요합니다. 병원까지 어렵게 내원한 고객을 만족시키지 못한다면 그동안 공들였던 마케팅은 모두 헛일이 됩니다. 이 말인즉슨, 그동안 쓴 마케팅 비용도 무용지물이 된다는 뜻입니다. 그래서 외부 마케팅만큼 중요한 것이 내부 응대입니다.

"당신들은 4천 달러짜리 피자를 배달하고 있습니다!" 도미노피자의 필 블레슬러 사장이 배달 나가는 직원에게 한 말입니다. 실제로 피자 한 판의 가격은 8달러에 불과한데, 어째서 4천 달러라고 했을까요? 그가 말하는 4천 달러는 고객생애가치(CLV: Customer Lifetime Value)로 고객 한 사람이 평생 올려주는 매상을 말합니다. 고객 한 명이 주 1회 8달러 하는 피자 하나를 주문한다고 할 경우, 연간 50여 회 정도를 주문하게 되고, 이를 다시 앞으로 10년 동안 지속한다고 가정하면 4천 달러가 나옵니다. 병원도 마찬가지입니다. 초진 환자 한 명이 병원에 다니면서 평생 지불하는 비용과 다른 환자를 소개하는 것까지 고려한다면, 초진 환자 한 명의 '고객생애가치'도 엄청납니다.

접점 레벨의
중요성 인식

마케팅에 큰 비용을 투자하여 온라인으로 문의가 많이 들어오는 병원이 있었습니다. 그런데 초진 비율과 전체 매출이 늘지 않았습니다. 문제를 진단한 결과, 내부 직원의 전화 응대에 문제가 있다는 것이 발견되었습니다. 컨설팅을 시작하며 월 마케팅 비용 대비 온라인 문의 수를 산정해서 상담 문의 하나가 30만 원의 가치를 지니고 있다고 알려주었습니다.

"이 전화 한 통을 받을 때 30만 원이 내 주머니에서 나간다면 어떻게 받을까요? 지금처럼 바쁘다는 평계로 대충 응대할 수 있을까요? 울리는 전화를 받지 않고 그냥 둘 수 있을까요? 어떤 마음으로 전화를 받아야 할까요"

내부 직원들이 응대의 중요성을 가슴으로 받아들이려면 다음의 세 가지가 필요합니다.

첫 번째로, 환자 1인당 유입 비용을 산출해보고 이를 알려주는 것이 중요합니다(중요성 인식). 초진 환자 1인당 전환(유입) 비용은 총 마케팅 비용에 초진 수를 나누면 나옵니다. 그러면 환자 한 명의 유입 비용이 매우 크다는 것을 알 수 있습니다. 저는 병원 컨설팅을 하기 전에 꼭 인당 초진 유입 비용을 산출해 보는데, 작게는 몇 만 원에서 크게는 인당 50만 원이 나오는 경우도 봤습니다. 만약 이 수치를 안다면 결코 안이하게 초진 환자를 대할 수 없습니다. 초진 환자가 올 때는 병원 브랜드에 대한 신뢰감과 기대감과 같은 것이 결정적인 요인으로 작용합니다. 하지만 내원 후 계속 방문할 요인을 찾지 못한다면 1회 방문으로 끝나버립니다. 빠져나가는 환자가 많아도 유입이 많다면 괜찮지 않나요? 이렇게 생각하는 것은 매우 위험한 발상입니다. 유입을 위한 마케팅 비용이 계속 발생하기 때문입니다. 그래서 재진 환자가 있거나 소개로 유입되는 환자가 없는 한 그 어떤 마케팅도 밑 빠진 독에 물 붓기나 마찬가지입니다. 그래서 예약 성공률이나 예약 이행률, 취소나 부재율, 상담 동의율, 콜 성공률 등을 점검하고 수지가 하락하는 경우 딤딩자 교육이니 프로세스 개선, 제도와 시스템 개편 등을 추진해야 합니다.

두 번째로, 고객과 접점 위치에 있는 직원들에게 다음과 같은 질문을 해봅니다(경쟁력 인식). "우리 병원에 와야 할 이유가 무엇인가요?" "원장이 알고 있는 이유를 직원 모두가 알고 있나요?" "우리는 다른 병원과 무엇이 다르고 그것은 어떻게 증명 가능한가요?" "고객이 우리 병원 말고 다른 병원에 가면, 고객 손해라고 생각하나요?" "경쟁 병원 상황은 어떤가요? 그들의 차별화 요소는 무엇인가요?" "우리 홈페이지는 경쟁력이 있나요?" 고객이 우리 병원에 와야 할 이유를 모른다면 과연 마케팅이 효과를 발휘할 수 있을까요? 이러한 질문에 답변하지 못한다면 다시 처음으로 돌아가야 합니다. 외부 광고를 하면 일시적으로 고객 문의야 몇 번 올 수 있지만 정작 직원이 준비되지 못한다면 장기적 관점으로 보았을 때 큰 효과를 얻기 어렵습니다. 결국 브랜드 핵심 가치와 행동 원칙을 다시 익히고 워크샵을 해야 합니다. 단순히 할인 이벤트를 펼치거나, 다른 병원보다 저렴한 비용을 내세우는 식으로 무작정 남을 따라 하는 마케팅은 백이면 백 실패합니다.

마지막 세 번째로, 직원들에게 실질적인 목표 관리를 제안해야 합니다(목표 인식). 접점 레벨에서 가장 중요한 관리 지표는 예약률과 상담 동의율입니다. 병원에 내원한 고객이 치료를 결정하는 제일 마지막 단계로 마케팅의 궁극적인 목표가 여기에 있습니다. 브랜드가 직원들에게 잘 내재화 되고, 우리 병원만의 브랜드 경험을 고객이 느낄 수 있다면 상담 동의율은 높아지고, 이후 주변에 추천까지 해주는 충성 고객이 됩니다. 온라인 상담이나 문의는 많은데 정작 초진이 적다면 응대가 문제가 있음을 빨리 인식하고 성실한 응대가 될 수 있도록 해야 합니다. 그리고 예약 이행이 잘 안 되어 초진 펑크가 많다면 확인 전화를 강화하거나 기타 추가적인 안내 활동을 기획해야 합니다. 또 여러 단계의 여정을 거쳐 어렵게 내원했지만, 고객의 진료 동의율이 낮다면 상담 프로세스 등이 문제점임을 알고 점검해야 합니다.

진료 동의율
높이는 법

모 병원은 여러 지점이 공동 브랜드를 사용하는 네트워크 의원 중 한 곳이었습니다. 다른 지점은 문제가 없는데, 이 지점만 예약률과 초진률이 낮았습니다. 광고 캠페인을 모두 분석했으나 특별히 이상은 없었습니다. 그런데 네이버 플레이스에서 악성 리뷰가 올라오는 시기에 맞춰 예약 신청률이 떨어진 것을 확인했습니다. 접점에서의 불량이 그대로 리뷰로 이어지고 예약률에도 바로 영향을 준 사례였습니다.

각 채널로 유입되는 전체 고객의 문의 수는 적지 않은데, 답변 처리 시간이 너무 늦는 게 문제였습니다. 답변이 낮아지니 예약 취소나 부재콜이 많았습니다. 예약 이행률이 낮다 보니

비는 진료 시간도 많았습니다. 우선은 담당자를 배치해서 평균 응대 시간을 보고하게 하고 이를 직원 모두가 알 수 있도록 했습니다. 환자에게도 예약시 예약을 지켜달라고 설명하는 것을 빼놓지 않았습니다. 그 외 부재콜 사유 등도 따로 기록해서 관리한 결과 예약지표를 이전보다 훨씬 개선할 수 있었습니다.

비싸다는 의견이 많은 병원이 있었습니다. 이는 우선 병원의 상담자 마인드가 가장 큰 관건입니다. 상담자 본인도 비싸다고 생각하면 백이면 백 환자도 비싸다고 느낍니다. 이럴 때면 상담을 담당하는 직원에게 고객 만족 후기를 충분히 숙지하도록 해서 얼마나 많은 환자들이 이 치료에 효과를 봤는지 인식하도록 하는 것이 중요합니다. 우리 병원의 경쟁력을 다섯 가지로 요약해서 이것이 어떻게 가격에 반영되는지, 가격이 높다고 생각하는 것이 왜 잘못된 생각인지 스스로 이해하도록 했습니다.

반복되는 대기 지연은 고객을 이탈시키고 나아가 매출을 떨어뜨리는 결정적인 요인이 됩니다. 왜냐하면 예약제가 제대로 시행이 안 되는 경우 대기 시간은 길어지고, 동의율도 낮아지며, 서비스 질도 떨어집니다. 결국 매출을 위해서는 예약제가 도입되고 활용되어야 합니다. 그리고 수요와 공급 측면에서도 예약제는 매출을 좌우합니다. 특정 시간대에는 환자가 몰려 이탈 고객이 생기고, 반대로 빈 시간이 발생하면 마치 비어 있는 비행기 좌석처럼 그대로 손실로 이어집니다. 예약제 도입은 수

요와 공급을 균형 있게 잡는 것입니다. 그리고 예약 시간을 환자가 잘 이행하는 것까지 관리해야 예약제 도입의 의미가 살아납니다.

예약 관리:
Promise - Why Change - Again - Alarm

예약 시에는 예약은 상호 약속(Promise)임을 강조합니다. 진심을 담아 중요성을 부각합니다. "OOO 병원은 고객분께 최상의 진료를 드리기 위해 매일 정해진 환자 수만큼만 예약을 받습니다. 예약 시간 준수는 서로의 약속입니다. 노쇼나 당일 취소로 다른 분들이 예약을 하지 못하는 일이 발생하지 없도록 부득이하게 변경이나 취소를 원하시는 분은 꼭 미리 연락을 부탁드립니다."

예약을 취소하는 경우, 왜 변경하는지(Why Change) 이유를 반드시 묻습니다. "OOO님, 어떤 이유로 취소하시는지요? 지금 치료를 잘 하고 계시는데요, 가능한 지금처럼 치료 기간을 지켜야 치료 효과도 높아집니다. 만약 꼭 바꾸셔야 한다면 OOO과 OOO중에서 어느 날짜로 변경해 드릴까요?"(두 가지 중 선택하도록 자연스럽게 변경 예약)

초진이나 수술 환자는 방문 하루 전에 예약을 다시(Again) 확인하거나 중요한 주의 사항을 한 번 더 전달하는 전화를 합니다. "OOO님 예약확인차 연락드렸으나 통화가 되지 않아 문자를 남깁니다. OO월 OO일 OO으로 예약하셨습니다. 혹시라도 변동 사항 있다면 꼭 연락부탁드립니다."

예약 부도가 났을 때에는 바로 전화를 해서 어딘지를 확인합니다. 연락이 안 되거나 못 온다고 하는 경우 부드러운 경고(Alarm) 메시지를 전달합니다. "OOO님 저희는 모든 분께 최상의 진료를 드리기 위해 매일 정해진 환자수만큼 예약을 받습니다. 이유 없는 노쇼는 예약을 원하는 다른 분들에게도 피해를 드리게 되므로 부득이하게 다음번 예약 때 대기 예약이 될 수도 있음을 알려 드립니다."

접점에서의 직원 태도에 따라 브랜드의 최종 성과인 매출이 달라집니다. 같은 1천만 원의 마케팅 비용을 쓴다고 해도 총매출 차이는 엄청나게 달라질 수 있습니다. 환자 한 명을 매출 수단으로 바라보라는 뜻은 아닙니다. 환자를 대하는 마음이 결코 무뎌 져서는 안 된다는 것을 말합니다. 돈은 돈 대로 쓰고, 고객 응대가 엉망이어서 무의식적으로 흘려보내는 비용을 막자는 뜻입니다.

접점 레벨에서의 성공적인 관리가 인당 진료비를 높이고, 총매출을 일으킵니다. 병원은 한 사람을 업장으로 오게 하는 비용이 다른 업종보다 높습니다. 그래서 접점에서 고객의 이탈을 최대한 줄이는 것이 중요합니다. 그러려면 접점에 있는 직원들의 생각과 말 한마디, 전화 한 통화가 정말 중요합니다. 진정한 승부는 접점 레벨을 놓치지 않을 때 일어납니다.

14

브랜드 가치를 담은
가격 결정법

> 브랜드 가치를 높은 가격으로 인정받기 위해서는 고객이
> 생각하는 비용을 줄여주고, 반대로 고객이 생각하는 혜택
> 을 늘려야 한다. 가격만 낮춘다고 고객이 늘고 매출이 는다
> 고 생각해서는 안 된다.

예전에 '가치의 재발견'이라는 프로그램에서 27년 된 중고 포
니 자동차의 가격을 확인한 적 있습니다. 주인이 애착을 두고
자체나 부품도 그대로 잘 관리한 경우였으나 27년이나 된 노
후 차라는 이유로 가격이 어떻게 책정될지 몰라 호기심 있게
봤던 기억이 납니다. 리포터가 이곳저곳 발품을 팔고 다니며
확인한 가격은 다음과 같았습니다. 중고차 시장 50만 원, 보험
개발원 0원 그런데 포니 동호회에서는 1,600만 원. 왜 이렇게
가격이 천차만별일까요? 보는 사람에 따라 물건의 가치라는
것은 이렇게까지 다릅니다. 중고차 시장이나 보험개발원에서
는 더 이상 차로서 가치가 없다고 보지만, 동호회에서는 클래

식카로써 천만 원이 넘는 가치가 있다고 본 셈이었습니다.

이 이야기가 병원에 시사하는 바는 무엇일까요? 병원 브랜드의 가치는 진료비를 내는 환자가 자기가 쓰는 돈 이상의 어떤 것을 누렸다고 생각하는 것에서 비롯되는 것이지, 단가만 낮춘다고 해서 가치가 만들어지는 것은 아니라는 것을 보여줍니다. 여기에 우리가 취할 프로세스 혁신이 있습니다. 이른바 가격 전략입니다.

값은 가치가 포함되어 매겨져야 합니다. 병원에게 가치는 신뢰와 연결됩니다. 매출을 올린다고 가격을 낮게 책정하면 오히려 진료의 질도 낮을 거라는 불신만 주게 됩니다. 가격은 고객이 누리는 것을 늘리는 방향으로 고민해야 합니다. 즉, 병원에 대한 신뢰(의료의 질부터 직원들이 제공하는 각종 서비스)를 높여 브랜드 가치를 재고시켜야 고객은 진료비가 비싸다고 생각하지 않고 합리적이다, 라고 생각합니다.

고객의 비용을 줄여주고
혜택을 늘린다

환자들은 내가 지불할 비용이 어느 정도의 가치가 있는지 알고 싶어합니다. 그런데 이를 설명할 의무가 있는 병원 직원이 잘 모른다면 어떻게 될까요? 또는 알고 있는데 고객한테 알려주지 않는다면 어떻게 될까요? 그러면 고객 입장에서는 과잉 진료가 되고 바가지 진료가 됩니다.

휜 다리를 치료하는 모 병원을 컨설팅할 때의 일입니다. 상담 실장님의 인상이 참 좋았습니다. 대화를 하면서 이 병원은 상담 실장님 덕을 좀 보겠구나 하는 생각까지도 들었습니다. 그런데 상담 동의율은 계속 낮게 나오고 있었습니다. 왜 그런지 이유를 파악해야 했습니다. 그래서 다음과 같이 한 번 물어보았습니다. "실장님, 환자가 지불하는 치료 비용이 어떻다고 생각하세요?" "전, 너무 비싸다고 생각해요." 문제는 여기에 있었습니다. 당시 치료 패키지가 300만 원이었는데, 상담 실장은 이 가격이 비싸다고 생각한 모양이었습니다. 본인 스스로 비싸다고 생각하고 상담하니, 환자가 확신을 갖고 선뜻 결제할 수 없었겠지요. 저는 상담 실장에게 그동안의 치료 후기를 처음부터 끝까지 정독하도록 했습니다. 그러면서 이렇게 조언했습니다.

"실장님 기준으로 이 비용이 비싸다, 싸다를 판단해서는 안 됩니다. 실장님처럼 곧은 다리를 가진 사람의 시각에 갇히면 곤란합니다. 휘어진 다리 때문에 한평생 치마를 못 입고 죽을 줄 알았는데, 드디어 치마를 입어서 죽어도 여한이 없다는 사람의 후기를 보세요. 다리 때문에 매번 자신감이 떨어져 취업도 못하고, 사회성 장애까지 있던 사람이 사회생활을 하며 활기찬 삶을 찾았다는 후기도 읽어보세요. 사람의 인생이 180도 달라졌는데 여전히 300만 원이 비싸다고 생각하세요? 그 300만 원은 다리로 인한 마음 결핍으로 다른 엉뚱한 곳에 써버릴 수도 있는 돈입니다. 그런데 환자들은 그 돈으로 희망을 얻고 자신감 넘치는 삶을 얻을 수 있습니다. 그러니 환자의 치료 후기를 모두 읽어보고, 고객이 얻는 혜택에 대해 다시 생각해보자고요."

고객이 진료비를 내면서 얻고자 하는 혜택에는 어떤 것이 있을까요? 혜택은 편익이자 고객이 가져가는 이익입니다. 우수한 진료, 깨끗하고 청결한 환경, 브랜드 인지도, 좋은 장비나 특별한 서비스, 기분 좋은 경험, 친절한 설명이나 대우, 편리한 절차 등도 모두 혜택에 해당합니다. 반면 비용은 진료비나 교통비처럼 가격으로 책정되는 것도 있지만 치료 중 대기, 이동 시간처럼 시간 비용도 있습니다. 또한 통증, 두려움, 불안감, 지루함, 수치심과 같은 감정도 포함됩니다. 그리고 불친절한 대우, 잘못된 치료, 치료 실패나 지연 등도 비용입니다. 그래서 병원에서 진료비를 올리고 싶다면 고객이 갖고 있는 비용을 줄여야 합니다. 반대로 1:1 프라이빗 공간, 원데이 교정, 불만족 시 환불 등이 제공된다면 혜택이 늘어난다고 생각해 마찬가지로 진료비를 올릴 수 있는 이유가 됩니다.

모 병원은 비수술 안티에이징 패키지 금액이 1,500만 원에

달합니다. 또 다른 병원은 암 전후 케어 프로그램이 수천만 원에 육박합니다. 도심 한복판에 끝내주는 호텔급 전망 하나로 회당 300만 원을 받는 피부과도 있습니다. 물론 이런 기류에 불편해하는 분도 있습니다. 저도 이런 흐름을 마냥 반기는 것은 아닙니다.

한번은 이름만 대면 알만한 네트워크 병원의 대표원장님이 "경쟁이 심해져 예전 같지 않다. 이제 뭘 해야 하느냐?"라고 저에게 질문한 적이 있습니다. 저는 "남들이 하지 않는 걸 해야 한다"라고 짧은 답변을 드렸습니다. 가격도 마찬가지입니다. 남들이 하지 않는 것을 보는 통찰력, 실행하는 용기, 설득할 자신감이 있어야 가격에 대해서도 프리미엄을 붙일 수 있습니다. 소비자를 기만하는 가격을 매기라는 뜻이 아닙니다(이제 소비자는 더 이상 속아 넘어가지도 않습니다). 만족할 수 있고, 구매하지 않을 수 없는 가치(나아가 브랜드 가치)를 만들어야 한다는 얘기입니다.

몇 가지 사례를 들어보겠습니다. 모 통증 치료 병원에서는 비만 때문에 무릎과 관절 통증이 악화하는 환자를 타겟으로 통증과 비만 치료를 함께 묶은 치료 패키지를 만들어 좋은 호응을 얻었습니다. 어느 아토피 전문 병원에서는 아토피로 인해 성장 지연을 겪는 문제를 해결하고자 아토피와 성장 치료를 함께 구성했더니 그 병원만의 특별한 치료법이 되어 새로운 가격 제시가 가능해졌습니다. 요실금 환자를 대상으로 하는 병원에서는 주요 환자의 연령 특성상 줄기세포 치료에 관심이 높은 것에 착안해 관련 진료 클리닉을 도입했습니다. 그러자 별다른 광고 없이도 소개를 받고 오는 환자들이 많아졌습니다. 이외에도 비교적 작은 노력으로 가격 저항은 낮추고 가치는 높이는 방법은 다양합니다.

모 피부과는 병원에서 주차장까지 가는 길이 복잡하고 찾기가 불편했습니다. 그래서 치료 후 귀가 전에 꼭 새 마스크와 에비앙 생수를 고객의 손에 들려주었습니다. 마지막 초콜릿이 기억에 남는 것처럼 병원에서 100만 원을 쓰고 나왔다고 해도 병원 나오는 길에 손에 뭔가가 들려 있으면 손해를 보는 느낌이 들지 않습니다. 이를 피크엔드 법칙(The Peak End Rule)이라고 합니다. 특정 대상의 경험을 평가할 때 그 대상에 관한 누적된 경험의 합보다 그것에 대한 기억(혹은 경험)이 가장 절정에 이르렀을 때와 가장 마지막 경험의 평균값으로 결정된다는 이론입니다. 어떤 실험에서 똑같은 초콜릿을 주고 맛보게 했을 때 마지막 초콜릿이 가장 맛있고, 기억에 남는다고 답했다는 사실만 보더라도 마지막 접점은 특별한 의미를 가집니다. 그래서 마지막 접점을 잘 활용한다는 것은 고객 여정의 화룡점정과도 같습니다.

이제는 가격도 브랜드 가치를 얼마나 담고 있는지 생각하고 책정해야 합니다. 거꾸로 얘기하면 매출을 높이기 위해서는 브랜드 가치를 잘 설계하고 이를 가격 속에 녹여 내고, 고객이 이를 인지할 수 있도록 동선 내에 설계가 되어야 한다는 얘기입니다. 이는 프로세스 이노베이션의 마지막 단계입니다.

4부.
브랜드 콘텐츠(광고) 만들기

15

"마케팅=광고"가 아니다

마케팅은 우리 병원의 브랜드 컨셉을 고객에게 잘 전달하는 커뮤니케이션 활동이다. 마케팅을 광고로만 생각해서는 안 된다. 의료 서비스는 고관여 상품이므로 일반 공산품처럼 마케팅을 해서는 안 되고, 전문성과 신뢰성이 바탕이 되어야 한다.

"강남에 있는 병원처럼 마케팅 비용을 많이 쓰기 싫어서 지방에 개원했는데, 꼭 마케팅을 해야 하나요?" "마케팅 회사에서 종합선물세트 같은 풀 패키지를 갖고 오는데, 이게 효과가 있을까요?" "마케팅에만 억 단위의 돈을 쓰는데 매출이 오를수록 비용도 함께 늘고 끝이 없는 것 같습니다." "안 해본 마케팅이 없습니다. 그게 그거 같고 효과도 만족스럽지 못합니다."

규모는 제각각이지만 원장님들의 하나같은 하소연입니다. 갈수록 경쟁은 치열해지고 마케팅은 선택이 아닌 필수가 되고 마케팅 비용도 함께 증가하고 있습니다. 마케팅을 안 하는 병원은 없습니다. 그런데 하면 할수록 고민은 깊어집니다. 과거처럼 대세라 할 만한 미디어 채널이 있는 것도 아닙니다. 또 병원마다 내세우는 의료 기술이나 서비스의 수준이 비슷하다 보니 홍보를 위한 콘텐츠도 큰 차이가 없습니다. 게다가 광고성 콘텐츠라는 것을 다들 알고 있어서 그다지 효과가 있는 것 같지도 않습니다. 그런데 비용은 최소 수백에서 수천만 원이나 합니다. 그렇다고 안 할 수도 없습니다. 어떤 병원이든 큰 부담이 되는 게 사실입니다. 그런데 마케팅을 하지 않고도 매출이 안정적인 병원이 있습니다. 반면 마케팅을 열심히 하는데도 매출이 부진한 곳도 있습니다. 이런 차이는 어디에서 발생하는 걸까요?

"저 웬만한 마케팅은 다 해봤어요." "작년까지는 카페로 좀 효과를 봤어요. 이젠 효과가 떨어져서 다른 걸 알아보려고 해요." 마케팅은 광고만을 의미하지는 않습니다. 그러면 유행이나 트렌드에 맞춰 다양한 미디어 채널을 옮겨가며 콘텐츠를 업로드 하고 병원으로 환자 유입을 유도하는 것이 마케팅일까요? 블로그 등에 올라갈 콘텐츠를 잘 쓰는 것이 마케팅을 잘하는 것일까요? 물론 그것이 전부는 아닙니다.

앞에서 우리는 브랜드 컨셉이 필요하다는 사실을 배웠습니다. 마케팅은 우리의 컨셉을 고객에게 잘 전달(커뮤니케이션)하는 것입니다. 그렇다면 왜 커뮤니케이션이 필요할까요? 당연히 우리 병원 이름을 알리고 우리 병원이 지향하는 환자에 대한 가치를 전달하기 위해서입니다. 그래서 우리 가치에 공감하고 동화된 우리 병원의 팬을 만들기 위해서입니다. 병원의 팬이라니 상상이 잘 안 가시나요? 요즘 유행하는 말로 팬들은 내가 좋아하는 스타를 '추앙'하고 따릅니다. 한마디로 신뢰와 사랑을 보냅니다. 이는 이 병원에 가면 내가 아픈 것이 반드시 치료될 거야, 내 문제가 해결될 거야, 믿는 확고한 힘입니다. 이것이 마케팅의 궁극적인 목표입니다.

당연히 병원은 환자들이 자신에게 보내 줄 신뢰를 유지하기 위한 노력을 해야 합니다. 그리고 타 병원보다 더 큰 신뢰를 얻기 위해 우리 병원에서만 얻을 수 있는 특별한 경험을 제공해야 합니다. 내가 좋아하는 가수만이 들려줄 수 있는 노래처럼, 우리 병원만이 제공 가능한 특별한 무엇이 있어야 합니다. 뛰어난 진료 기술이든, 다른 병원에 없는 특별한 장비이든, 너무나도 성실한 직원이든 이런 차이가 있어야 합니다. 그리고 이를 유지하고 계속해서 업그레이드할 수 있어야 합니다. 즉 특별한 무언가를 정의하고 임직원들이 나서서 커뮤니케이션 활동을 이어가도록 해야 합니다. 여기에 거짓이 있거나 진정성을 갖추지 못하면 안 됩니다. 계속 강조하고 반복했던 내용입니다.

현재 많은 병원이 겪고 있는 마케팅 문제는 명확합니다. 이 순서가 잘못되었거나 우리 병원만의 특별한 한 문장인 브랜드 컨셉이 정립되지 않은 탓입니다. 그러니 어떻게 효율적으로 알릴지도 정해지지 않습니다. 결국 마케팅의 목적과 방향성 없이 남들 하는 것, 좋아 보이는 것을 그냥 맹목적으로 따라 하는 것에 그치게 됩니다. 그러니 돈은 돈 대로 쓰는데 매출은 일어나지 않습니다. 이 또한 브랜드 중심의 의사결정을 하지 않았기 때문에 일어난 일이라 할 수 있습니다.

"진정한 마케팅이란 만든 것을 파는 기술이 아니다. 무엇을 만들지를 아는 것이다." 유명한 마케팅 구루(Guru, 존경할 만한 전문가) 필립 코틀러의 말입니다. 마케팅에서 파는 것은 상품이나 서비스가 아닌 고객의 욕망이자 가치입니다. 환자가 원하는 바를 채워주고 문제를 해결해주는 것입니다. 이런 생각으로 마케팅을 바라볼 때 우리 병원의 목적과 목표에 맞는 마케팅 운영이 가능합니다.

한때 광고로 병원이 노출만 되면 환자가 오던 시절이 있었습니다. 그런데 지금은 많이 달라졌습니다. 과거 어느 때보다도 정보 접근성이 높아졌기 때문에 환자들은 매우 합리적인 선택을 합니다. 언제 어디서든 PC와 스마트폰으로 자신이 찾는 병원을 손쉽게 검색하고 비용, 진료의 전문성, 거리, 환자 후기 등을 꼼꼼하게 비교합니다. 블로그 댓글이든 카페 질문이든 비슷한 경험을 한 다른 환자를 찾아, 궁금한 것을 묻고 의견을 나눕니다. 그러니 병원 선택 기준이 매우 까다로워질 수밖에 없습니다.

필립 코틀러는 이런 말도 덧붙였습니다. "마케팅 과잉 시대에 살아남기 위해서는 소비자의 감성뿐 아니라 영혼에 도달해야 한다." 영혼에까지 도달하기 위해서는 진정성 있는 광고를해야지 과장 광고를 해서는 안 됩니다. 한두 번만 검색해보면진짜 후기인지 짜맞춘 후기인지 금방 확인할 수 있는 세상입니다. 어떤 환자가 가짜 광고로 내원을 했다 병원에 실망을 하고돌아갔다고 가정해보겠습니다. 다시는 병원에 오지 않는 것은물론이고 나쁜 소문까지도 냅니다. 좋은 소문보다 안 좋은 소문이 더 빨리 퍼집니다. 좋았던 경험을 말하기보다 안 좋았던경험을 말할 확률이 훨씬 더 높습니다.

이제는 진짜 콘텐츠만이 힘을 발휘하는 시대입니다. 재화나서비스를 구매할 때 소비자가 정보 탐색에 시간과 노력을 기울이는 정도를 관여도라고 합니다. 의료는 관여도가 높은 고관여 서비스입니다. 내 몸의 건강과 치료를 다루기 때문에 선택과 결정에 있어 일반적인 소비재보다 훨씬 신중하고 까다롭습니다. 그래서 싸다, 좋다, 잘한다는 평가만으로 가치를 전달하기 어렵습니다. 무엇보다 전문성과 신뢰, 근거, 안전, 입증 등의 가치를 전달해야 합니다. 그래서 일반적인 소비재 마케팅과는 다른 결을 갖고 있습니다. 병원 마케팅은 광고물을 광고하는 것이 아닙니다. 우리 병원이 주는 가치를 고객과 소통하는 것입니다.

다음 글부터는 신뢰를 주는 콘텐츠 발행을 어떻게 해야 하는지 살펴보겠습니다. 콘텐츠 발행 매체와 광고 매체 그리고 클릭을 부르는 콘텐츠 작성법에 대해 알아보겠습니다.

16

콘텐츠 발행 매체,
광고 매체 이해하기

광고 매체(미디어)에 대해서 알아보자. 광고 영역이기도 하고, 우리 병원을 알리는 콘텐츠를 직접 등록하는 곳이기도 하다. 각각의 특성을 잘 파악하고 있어야 효율적인 노출과 홍보를 할 수 있다. 매체 운영을 직접 하지 않고 대행사를 통해 관리한다 하더라도 기초 지식은 갖고 있어야 한다.

브랜딩 관점에서 마케팅은 광고나 판촉이 아닌 커뮤니케이션이라고 배웠습니다. 물론 이벤트는 매달 새로운 프로모션을 계획해서 고객을 모으는 것이 핵심 전략입니다. 그렇지만 그것은 엄연히 하나의 활동일 뿐입니다. 궁극적으로 이벤트 때문이 아니라 우리 브랜드에 매력을 느껴 찾아오도록 해야 합니다. 그러려면 우리가 고객에게 무슨 약속을 할지가 중요합니다. 이는 곧 광고의 목적이 되어야 하고, 우리가 하는 약속에 어울리는 매체를 결정해야 합니다. 그런 점에서 온라인에서의 미디어 매체를 아는 것은 나쁜 전략에서 탈출하고 적중률을 높이는데 도움을 줍니다.

미디어를 활용한 광고 영역은 병원이 자체적으로 할 수 있는 것도 있지만 대행사를 통해서 진행할 수 있는 부분이 더 많습니다. 그래서 책에서는 마케팅 비용 지출을 결정하는 병원장님이나 마케팅 담당자로서 꼭 알아야 할 것들 위주로만 간단히 정리해보았습니다. 돌아가는 로직을 알고 마케팅 보고를 받는 것과 모르고 받는 것에는 큰 차이가 있을 수밖에 없습니다. 아래 내용을 확인한 후, 현재 우리는 어떻게 하고 있는지 대행사에게 꼭 질문해보시기 바랍니다. 그 과정이 중요합니다. (미디어 관련 사항은 플랫폼 운영사의 정책 전환 등 잦은 변동 사항이 발생합니다. 이점을 고려하고 읽어주세요.)

검색 엔진

SA(Search Advertisement)는 검색 엔진 내에서 검색광고, 키워드 광고 및 파워링크 형태의 광고영역을 말합니다. 구글이나 네이버, 다음 같은 포털 사이트에 등록하거나 검색 순위 상위에 위치시키는 것 등의 활동입니다. 방문 니즈가 있는 소비자들이 검색을 통해 병원 이름을 인지하고 실제 내방으로 이어지는 전환이 가장 높은 영역입니다. 그래서 병원 마케팅에서 가장 큰 비중을 차지합니다. 그러나 경쟁이 세다 보니, 입찰가(CPC-Cost Per Click, 클릭당 광고비) 형태로 운영되는데, 높은 가격을 써낸 사람이 해당 키워드를 선점합니다. 검색 엔진별로 살펴보게 되면 네이버 입찰가는 높은 편이고, 다음이나 구글은 상대적으로 낮은 편입니다. 그래서 네이버만 고집하지 말고 예산에 따라 그리고 키워드별로 탄력적으로 검색 엔진을 사용하는 게 좋습니다.

환자들은 일단 자신의 증상(질환)명부터 검색해 봅니다. 이후 알게 된 시술이나 수술명에 지역명을 붙여 검색합니다. 강남에 사는 20대 여성이 여드름 때문에 병원을 가려고 하면 어떻게 검색할까요? '여드름+강남'이라는 키워드로 검색합니다. 또 홍대역 근처에 사는 40대 직장인이 임플란트를 하려고 할 때는 '임플란트+홍대역' 이렇게 검색합니다. 그러면 검색 결과로 여러 개의 병원이 나옵니다. 환자는 이들을 비교한 후 한 곳을 선택합니다. 방문 의지가 있는 고객 대부분은 이러한 패턴으로 병원을 찾습니다.

이를 정리해보면 이렇습니다. "증상이나 니즈 > 질환명 > 치료나 시술명 > 지역명+시술(진료)명 > 시술명+추천 병의원 > 브랜드명" 이러한 순서로 고객은 검색을 많이 합니다. 이 경로를 이해하면 한정된 예산을 갖고서 어떤 순서로 돈을 써야지 효과적인 마케팅이 되는지 알 수 있습니다. 각 키워드별로 검색했을 시 어떤 결과가 고려되어야 하는지 하나씩 살펴보겠습니다.

1)브랜드명: 소개를 받거나, 지나가다 간판을 보거나, 또는 다른 경로로 병원을 알게 되면 환자들은 어떻게 할까요? 대부분 홈페이지부터 검색합니다. 그래서 우리 병원 이름으로 검색했을 때 홈페이지가 노출되어야 합니다. 기본적인 진료 정보, 위치 안내, 병원 소개 등이 잘 드러나야 합니다. 그리고 우리 병원이 어떤 곳인지 전달하고 기대를 갖도록 하는 것이 중요합니다.

2)지역 키워드: 처음에는 증상이나 질환으로 검색하지만 내원 의지가 생기면 최종적으로 '지역명+질병명/진료명'으로 검색합니다. '강남 치아교정' '홍대 임플란트' 이런 식의 검색입니다. 지역 키워드는 전환률이 좋은 서브 키워드이니 놓치지 말아야 합니다. 컨설팅시 질환 명에 해당하는 '아토피'라는 메인 키워드는 가끔 관리 순위에서 내려놔도 '양재 아토피'는 꼭 중요하게 챙겨야 한다고 말합니다.

3)메인 키워드: 일반적으로 메인 주력 키워드는 대표 키워드로 입찰가가 높고 경쟁이 치열합니다. 마케팅을 한다면 제일 나중에 고려할 수밖에 없습니다. 입찰 가격이 지나치게 높아질 때는 비용 대비 효과를 생각해 우선순위를 조정합니다. 최근 라식의 경우 클릭 한 번에 6만 원, 임플란트는 7만 원, 도수치료도 6만 원이나 합니다(2023년 3월 네이버 모바일 기준).

키워드 광고에서 기적은 없습니다. 꼼꼼하게 설계하고 목적에 맞게 운영하는 수밖에는 없습니다. 그렇기에 키워드 관리를 마케팅 대행사에 맡길 경우 다음의 내용을 반드시 요구해야 합니다. 어떤 키워드군을 중심에 둘 것인지, 검색엔진별 그리고 디바이스별(PC, 모바일) 예산을 어떻게 배분할 것인지, 시간대와 지역, 목표하는 노출 순위 그리고 입찰가와 캠페인 문안은 어떻게 할 것인지 등입니다. 그리고 별도 그룹으로 관리할 집중 전략 키워드는 무엇인지도 요구해야 합니다.

지금까지의 내용을 요약하면 이렇습니다. 첫째, 예산에 따라 써야 할 키워드 군은 다르다. 둘째, 키워드는 브랜드-지역-병명/진료명 순으로 우선 순위를 정한다. 셋째, 클릭률이 높은 키워드를 검색 광고 키워드로 잡는다. 넷째, 증상이나 원인 같은 설명형 키워드는 블로그 영역에서 노출되도록 자체 블로그 관리도 소홀히 하지 않는다.

플레이스 - 네이버

플레이스는 '지역+병원 카테고리'(홍대 치과, 강남 산부인과)로 검색 시 보이는 일종의 지도 광고로, 노출 순위에 따라 초진 방문객의 숫자가 비례하기 때문에 순위 경쟁이 갈수록 치열해지고 있는 영역입니다.

플레이스에 대한 대응은 검색 노출 순위를 높이는 것과 플레이스 내 콘텐츠 질을 높이는 것, 두 가지가 핵심입니다. 먼저 병원을 등록할 때는, 고객들이 많이 검색하는 핵심 키워드를 잘 쓰고, 기타 네이버에서 제공하는 기능(스마트 콜, 네이버 예약, 톡톡 등)을 성실히 활용합니다. 병원 사진이나 소식, 상세 정보(진료시간, 주소 등), 관련 홈페이지, 소개 글도 꼼꼼히 등록합니다. 예약 페이지는 상시 점검하고(상세 정보 등 업데이트), 방문자 리뷰가 꾸준히 올라올 수 있게 하고, 방문자 리뷰에는 답글도 성실히 답니다. 예약자 리뷰와 영수증 리뷰도 차곡차곡 쌓일 수 있도록 하고, 리뷰에서 문제점을 지적받으면 이를 개선하는 일도 재빨리 해야 합니다.

지방의 모 피부과 개원 브랜딩을 할 때입니다. 이 병원은 유동 인구가 많은 역세권에 있었습니다. 병원 운영 초기에는 예산이 많지 않았기 때문에 우선 병원 이름으로 검색 시 맨 위에 나올 수 있도록 브랜드 검색 광고를 했습니다. 그리고 '지역+대표질환명' 키워드를 최소한으로 작게 운영했습니다. 대신 홈페이지는 경쟁력 있게 만들어 클릭해서 들어오는 고객들이 실망하지 않도록 했습니다. 그래서 간판을 보고 검색해서 들어오든, 온라인으로 알게 되어 들어오든, 홈페이지까지만 오면 실제 내원을 하지 않을 수 없게 했습니다. 하지만 현실은 그렇지가 못했습니다. 역세권이라는 이유만으로 고객은 병원을 발견하고 병원 이름을 검색하고 방문하지 않았습니다. '지역+대표

질환명'으로 검색했을 때 노출이 제대로 되지 않으면 고객 방문의 가능성은 거의 희박하다고 봐야 합니다.

결국 전략을 추가해 플레이스에 무조건 우리 병원이 나올 수 있도록 했습니다. 플레이스 내에 있는 병원 소개, 예약 방법, 위치 안내 등의 정보를 꼼꼼하게 설명하고 등록했습니다. 그리고 공지 사항, 공휴일 지정 등도 꾸준히 업데이트했습니다. 결과적으로 SEO(Search Engine Optimization, 검색엔진최적화)를 진행한 셈이었습니다. (검색엔진최적화는 마케팅 전문 업체에 의뢰해서 진행하는 것이 더 효율적입니다.) 그리고 여기에 추가로 병원 블로그를 개설하고 콘텐츠를 꾸준히 발행하는 일을 했습니다. 이렇게 2주 동안 꾸준히 작업한 결과, 53위에 있던 플레이스 순위가 3위까지 올라가고 병원 방문자도 이전보다 훨씬 많아졌습니다.

홈페이지 브랜딩과 플레이스가 시너지를 일으킬 때 좋은 성과를 기대할 수 있습니다. 참고로 플레이스에 악플이 있는 경우 예약률에 영향을 주기 때문에 후기 관리에도 많은 신경을 써야 합니다.

브랜드 콘텐츠, 블로그, 카페, 지식인 - 네이버

바이럴 매체는 기업의 상품이나 서비스를 소비자 손에 의해 자발적으로 널리 퍼지게 합니다. 고객을 유입하는 측면에서는 여전히 효과적입니다. 타임라인으로 우연히 유입되는 SNS 채널과 다르게 목적성이 분명한 방문자를 오게 합니다.

　1)브랜드 콘텐츠: 메인 키워드(예, 아토피) 검색시 파워링크 아래에 브랜드 콘텐츠라고 해서 블로그로 방문자를 유입시킬 수 있는 영역입니다. 파워링크는 비싸지만 브랜드 콘텐츠 영역은 비교적 저렴합니다. 그래서 블로그 상위 노출의 어려움을 보완할 수 있다는 장점이 있습니다. 검색 광고 입찰가가 너무 높은 키워드보다는 클릭율이 좋은 틈새 키워드를 중심으로 운영할 것을 추천합니다.

　2)블로그: 시술 원리나 효과 등을 자세히 설명해줄 수 있어 정보성 콘텐츠를 노출하기에 유용한 미디어입니다. 요즘은 콘텐츠 검색이 유튜브로 많이 이동했지만 여전히 텍스트를 선호하는 고객이 많고, 사용자가 매년 증가하는 추세입니다. 사용자가 증가하는 만큼 고객들의 눈높이도 향상되어 콘텐츠 질을 잘 유지하는 것이 중요합니다. 단순히 광고성 콘텐츠로는 고객의 주목을 끄는 데에는 한계가 있습니다.

　상위노출 로직(15초 이상 머물러야 하고, 고품질 블로그여야 하며, 중복 유사 문서가 없어야 한다 등)에 맞추면서도 고객이 원하는 양질의 정보를 제공하는 것이 예전보다 더 힘겨워진 것이 사실입니다.

하지만 여전히 블로그가 가진 가치는 있기 때문에 콘텐츠의 질을 높여 고객을 설득하는 노력은 계속해야 합니다. 검색광고 키워드가 방문을 목적으로 키워드를 클릭한다면, 블로그는 정보를 얻기 위한 목적으로 클릭하는 경향이 있습니다.

운영 시 주의점은 의료인이 아닌 사람이 올리는 광고는 불법(의료법 제56조)이기 때문에 타 블로그로 우리 병원 이야기(광고)가 포스팅되어서는 안됩니다. 종종 '체험단 모집'이라는 형태로 타 블로그에 체험형 후기 글을 쓰는 경우가 있습니다. 특히 비급여, 미용, 성형의 경우가 그런 사례가 많은데, 기본적으로 환자의 체험담이나 후기는 의료법에서 금지하는 콘텐츠입니다. 벌금형이나 경찰 조사, 병원의 영업 정지 처분도 받을 수 있기 때문에 저는 절대로 추천하지 않습니다.

참고로 네이버는 수시로 검색 로직을 변경합니다. 모 원장님은 고품질 블로그를 구매해 매달 800만 원씩 내며 병원 홍보를 하다가 로직 변경으로 갑자기 저품질로 누락된 후 넋을 놓고 저를 찾은 적이 있습니다. 블로그 효과가 좋다고 해서 블로그 마케팅에만 집중해서는 안 되는 이유입니다. 그럼에도 양질의 콘텐츠를 계속 만들 수 있다면 아직은 매력 있는 공간인 만큼 자체 블로그 운영을 열심히 잘하는 것이 중요합니다. 앞서 말씀드린 이유로 보완 매체를 염두에 두는 것도 잊지 말아야 합니다.

3)카페: 또 다른 바이럴 영역으로 맘 카페나 지역 카페, 질환 카페(척추 질환 카페, 자가면역 질환 카페, 피부 질환 카페 등)와 같은 온라인 커뮤니티 영역이 있습니다. 예를 들어 '잠실역+산부인과'으로 검색한 후 카페 영역을 보면, 주로 '지역 병원을 추천해달라'거나 '이용해 보니 어떠냐'는 식의 질문답이 많이 나옵니다. 카페는 환자 후기가 주요 콘텐츠입니다. 간혹 카페로 가짜 후기를 올리는 경우가 있는데, 이는 자칫 큰 문제를 불러일으킬 수 있습니다. 차라리 좋은 후기가 남을 수 있도록 진료의 퀄리티를 높이는 것이 더 낫습니다. 한때 카페 작업을 많이 하던 시기가 있었습니다. 하지만 최근에는 검색 로직의 변경으로 카페 글이 소개되는 위치가 뷰(VIEW) 영역에서 잘 표시되지 않아 과거보다는 노출 효과가 높지 않습니다. 다만 지역 중심의 커뮤니티에서는 여전히 유효성이 있는 편입니다.

4)지식iN: 모바일 뷰가 개편되면서 지식인 카테고리가 모바일 상단에 노출되고 있습니다. 뷰 영역과 비교 시 상대적으로 가시성이 좋아졌습니다. 한 명의 질문에 여러 명의 답변자가 정보를 전달하는 형태라 콘텐츠에 대한 신뢰도도 높은 편입니다. 여기저기 많이 알아보게 되는 고관여 상품은 상담 링크로 고객을 유도하기에도 유용합니다. 제가 컨설팅하는 병원에서도 많이 활용하고 있는 방법입니다.

페이스북, 인스타그램,
카카오톡 - SNS

페이스북, 인스타그램 등의 SNS는 콘텐츠 주목도가 좋아서 스폰서 광고의 가성비가 좋습니다. 페이스북, 인스타그램과 구글, 유튜브는 이미지나 텍스트, 동영상, 카드뉴스 등 다양한 포맷으로 광고 집행이 가능합니다. 따라서 각각의 채널 특성에 맞게 콘텐츠와 메시지를 설정하는 것이 필요합니다. 이때 캠페인 최적화(어느 캠페인이 나은지 확인하는)를 위해 AB 테스트를 꼭 해야 합니다. A가 나은지 B가 나은지 테스트해 보고 성과가 좋은 것을 선택합니다. 이미지 소재가 나은지, 동영상 소재가 나은지, 같은 이미지라 하더라도 어느 것이 나은지 꼭 확인합니다. SNS 광고 관리 페이지에서는 이를 체크해 볼 수 있는 메뉴 등이 지원됩니다.

사진에 특화된 인스타그램은 피부, 성형, 치과 등 미용과 관련된 진료 과목에서는 필수입니다. 페이스북은 사람들에게 병원 콘텐츠를 도달시키기에 유리한 매체입니다. 하지만 검색엔진과 달리 의도가 있는 소수가 아닌 불특정 다수를 대상으로 하기 때문에 전환율이 떨어질 수밖에 없습니다. 노출 고객을 정할 수 있는 타켓팅을 지원하기는 하지만 전환율이 낮기 때문에 신규 환자 유입은 기대하기 어렵습니다. 병원 진료과목의 특성에 따라 SNS 광고는 서브 매체로 활용해야 합니다.

유튜브

유튜브는 더 이상 설명이 필요 없을 정도로 요즘 가장 핫한 매체입니다. 특정 사용자가 검색이라는 형태로 영상에 접근하다 보니 더는 간과하기가 어렵습니다. 실제로 유튜브를 통해 병원 관계자들을 영상으로 만나고 온 분들은 실제 내원해서도 무척 호감을 느끼고서 진료 과정을 잘 따라줍니다. 따라서 진료 상담 시간을 줄이고, 진료 동의율을 높이는 데 큰 도움을 얻을 수 있는 매체입니다. 같은 병원에 있는 의사라 하더라도 유튜브 영상을 찍는 의사와 그렇지 않은 의사의 매출이 달라지는 것도 볼 수 있습니다. 심지어 유튜브를 통해 스타 의사들이 만들어지는 일도 있어 이런 분들이 TV 방송으로도 나오게 되면 검색량이 함께 증가하기도 합니다.

팬심으로 유입되는 환자가 증가하면서 점점 더 콘텐츠의 퀄리티와 콘텐츠 수위 또한 높아지고 있습니다. 하지만 유튜브 촬영을 병원에서 소화하기에는 현실적으로 어려운 부분이 많습니다. 시간이나 노력, 비용 등이 만만치 않기도 하고, 출연자는 스스로 의사를 넘어서 크리에이터라고 생각하고 촬영에 임해야 하는 데 아무래도 익숙하지 않다 보니 어렵게 느끼기도 합니다. 그렇지만 병원 유튜브는 구독자 수를 늘려서 광고 수익을 목적으로 하는 것이 아니므로 차근차근 해나간다면 매우 의미 있는 채널로 키울 수 있습니다.

제가 컨설팅하고 있는 한 병원도 꼭 필요한 정보를 전달하겠다는 취지를 살려 영상을 꾸준히 만들고 있습니다. 구독자 수가 많은 인플루언서와의 콜라보로 조회수를 높이는 방식은 지양하면서요. 그리고 이렇게 만든 영상은 병원 홈페이지 내에 게시하고 원내 대기실에서도 시청할 수 있도록 했습니다. 또 환자 내원 전 진료 아이큐를 높이는 사전 교육용으로도 활용하고 있습니다(영상 URL을 문자로 전송).

검색 로직에 맞춰 영상 타이틀이나 태그, 제목, 설명 등을 게시하는 검색최적화를 고려하는 것은 기본입니다.

온라인 배너

온라인 배너 광고는 다양한 접점에 노출되는 것으로 카카오모먼트, 구글 GDN, 네이버 GFA 등이 대표적입니다(각 검색 업체 등이 운영하는 광고 상품입니다). 배너 광고는 실제 홈페이지 유입량에 가장 큰 효과를 발휘합니다. 그리고 지역, 나이, 성별, 관심사 등에 맞게 노출 고객을 타게팅 할 수 있어 효과적입니다. 배너 광고는 클릭률과 클릭수보다 브랜드 노출 매체로 생각해야 합니다. 그래서 처음 보이는 광고 메시지에 신경을 써야 합니다. 또한 클릭한 다음의 화면(랜딩 페이지)을 잘 만들어야 합니다. 배너 내용과 같은 정보가 제공되어야 하고 내용도 충실해야 신규 환자 유입에 도움을 받을 수 있습니다.

간혹 클릭률을 높게 해달라는 병원의 요청이 있기도 한데, 단순히 호기심만 자극하는 배너를 제작하면 클릭은 높아질 수 있겠지만 병원으로 실제 문의와 내원으로 연결되기에는 한계가 있습니다. 오히려 배너의 광고 카피 내용과 실제 클릭했을 때 노출되는 정보가 일치할 때 전환률을 더욱 높일 수 있습니다. 배너 사이즈에 대한 제한과 콘텐츠 표현의 한계는 어쩔 수 없지만, 브랜드와 병원 이름을 노출해 인지도를 쌓기에는 가장 좋은 매체입니다.

홈페이지

홈페이지는 온라인 마케팅에서 가장 중요한 매체입니다. 검색 광고나 배너 광고 등을 통해 전환이 최종적으로 이루어지는 곳이기 때문입니다. 그런데 특정 기간 동안만 진행하는 광고 내용과 홈페이지의 내용이 매치가 안 된다면 랜딩 페이지를 별도로 만들어 운영할 수 있습니다.

앞서 설명한 여러 매체를 이용한 광고의 효과는 결국 홈페이지의 완성도에 따라 내원으로 유입되느냐 그렇지 않느냐로 좌우됩니다. 따라서 홈페이지를 보강한 후 광고를 진행하는 것이 올바른 순서입니다. 고객은 여러 병원의 홈페이지를 두루 둘러본 후, 온라인 문의나 카톡 상담 혹은 전화를 걸어옵니다.

고객이 홈페이지 상담 게시판으로 구구절절 자신의 사연을 열 줄 식이나 올렸는데, 병원에서는 딸랑 세 줄의 단답형 글을 작성하거나, 누가 봐도 알 수 있는 복사 붙여넣기 식의 답변을 했다면 고객으로부터 신뢰를 얻기 어렵습니다. 고객 입장에서 불만을 제기할 상황은 아니지만 내원 동기를 갖기에는 부족합니다. 고객은 이 단계까지 수많은 과정을 거치고 검색을 하고 비교를 했습니다. 당연히 병원도 각각의 과정마다 광고비를 써서 환자를 유입시켰습니다. 그런데 최종 단계에서 신뢰를 얻지 못한다면 그동안의 노력은 모두 헛되게 됩니다. 환자의 평균 80%가 24시간 이내에 같은 질문을 최소 두 곳 이상으로 하고, 빠르고 성실한 답변을 하는 곳에 더 깊은 신뢰감을 느낀다고 했습니다. 따라서 적극적으로 상담 게시판을 운영하는 것이 환자의 홈페이지 유입과 내원률을 높이는 길입니다.

최근 온라인 상담글, 예약문의, 네이버 예약, 카카오톡, 네이버 톡톡, 간편 상담 신청 등 활용 채널이 많아졌습니다. 다양한 채널을 열어놓고 고객을 기다려야 합니다.

상세 페이지(랜딩 페이지)

상세페이지는 홈페이지나 블로거 내의 특정 페이지일 수도 있고, 쇼핑몰의 상품 소개페이지일 수도 있습니다. 상세페이지는 구매(진료)에 대한 확신을 주고 구매 전환률을 높이는 역할을 합니다. 따라서 왜 구매해야 하는지 'why 메시지'가 잘 드러나는 것이 중요합니다. 그리고 브랜드 컬러를 일관되게 사용해서 상세 페이지 디자인을 해야 합니다. 다시 말하지만 고객은 머릿속으로 정보를 입력할 때 인지비용을 낮추려고 하기 때문에 단순하고 반복적이어야 기억을 잘합니다.

고객이 사이트에 접속해서 머무는 시간은 채 2~3분 밖에 되지 않습니다. 시각적으로 잘 정리되어 있지 않거나 어디를 가야 할 지 직관적으로 보이지 않는다면 하단까지 스크롤도 안 하고 바로 이탈합니다. 어찌어찌 해서 머무른다 하더라도 전환(구매/진료예약)까지 이어지기는 어렵습니다. 그리고 요즘은 핸드폰으로 홈페이지를 접속하는 사례가 증가하고 있기 때문에 모바일에서의 가독성도 무척 중요합니다. 홈페이지 개발을 할 때 이런 점을 꼭 개발사에 요구해야 합니다.

랜딩페이지 제작에 간단하게 몇 가지만 추가로 정리해보겠습니다. 첫 번째는 '원 샷 메시지로 시작하라'입니다. 브랜드 슬로건이 상세 페이지의 원 샷 메시지에 해당합니다. 이것은 병원의 대표적인 가치이자 우리의 약속이므로 가장 메인 자리에 노출해야 합니다. 원 샷 메시지는 고객이 꼭 기억했으면 하는 문구입니다. 일종의 광고 카피처럼 생각해도 됩니다. 두 번째는 '공감 포인트를 노출하라' 입니다. 고객이 예스 할 수 있는 내용을 많이 넣어야 합니다. "맞아! 내 얘기인데"하는 공감이 들어야 고객의 마음 속에 예스라는 응답이 세네 번 이상 나옵니다. 그러면 자연스럽게 수긍이 되고, 내가 잘 찾아왔구나 하는 느낌이 들게 됩니다. 세 번째는 'Why me를 설명하라'입니다. 가치 입증의 단계입니다. 왜 우리 병원에 와야 하는지 전문성과 근거를 드러내는 것이 중요합니다. 치료 케이스나 사례, 후기, 특허, 공로, 연구, 학회 등 권위가 입증되는 내용을 포함해야 합니다. 마지막 네 번째는 '행동을 촉구'하는 것입니다. 혜택이나 구매를 했을 때와 하지 않았을 때의 차이, 구체적인 가격 등을 언급해서 병원으로 전화가 오게 하거나 온라인 구매 등을 할 수 있도록 유도해야 합니다.

지금까지 온라인 광고 영역에 대해 간략하게 정리해보았습니다. 병원장으로서 이 내용을 상세히 알 필요는 없습니다. 담당자의 얘기를 듣고 이해를 하고 올바른 판단을 할 수 있을 정도의 지식이면 충분합니다. 최근에는 광고를 통해 유입되는 환자들도 병원 관계자들과의 적극적인 소통을 통해서 유대감을 가질 때 방문 욕구도 높아지고 호감도도 높아진다고 합니다. 일방적인 광고보다는 쌍방향 소통이 브랜드 정체성을 알리기에도 유용합니다. 광고로 유입하되, 이후 과정은 쌍방향 소통이 될 수 있도록 전략을 펼쳐가는 것이 중요합니다.

이어지는 글에서 쌍방향 소통을 본격적으로 할 수 있는 콘텐츠 작성법에 대해 살펴보겠습니다.

17

브랜드 가치를 어필하는
콘텐츠 작성법

좋은 콘텐츠는 브랜드의 진정성이 살아있는 콘텐츠이다. 결국은 진실하게 만들어야 한다. 거짓 콘텐츠는 금방 탄로가 난다. 진실성을 극대화하는 데 스토리, 숫자, 후기는 강력한 무기 역할을 한다. 양보다 질을 높여 더 많은 전환을 일으켜야 한다.

우리 병원의 브랜드 가치를 보여주려면 어떤 콘텐츠가 좋을까요? 이런 장비가 있다, 이런 전문의가 있다, 편리하다, 친절하다 등만 말하면 되는 걸까요? 그런데 앞서도 말씀드렸지만 어느 병원이나 이를 표현하지 않는 병원은 없습니다. 이런 이유로 병원 콘텐츠가 모두 비슷한 것인지도 모르겠습니다.

같은 내용을 담더라도 결국은 달라야 합니다. 사람들은 달라야 반응합니다. 다르면 한 번 더 보고 기억을 떠올립니다. 어떻게 똑같은 얘기를 남들과 다르게 할 수 있을까요? 광고 콘텐츠 하나하나는 브랜드의 정체성을 대변하는 병원의 얼굴입니다. 고객은 이 콘텐츠를 접하는 순간 마치 병원에 내원하는 것처럼 우리 브랜드를 경험한다고 생각합니다. 우리가 아무리 브랜드 컨셉을 잘 잡고, 병원 이름도 멋지게 지었다 하더라도, 이를 표현하고 알리는 콘텐츠가 남들과 다를 게 없다면 아무 소용이 없습니다. 즉, 고객이 유입되는 여정의 마지막 종착지인 콘텐츠에서 승부가 갈린다고 해도 틀리지 않습니다.

그동안 병원 마케팅을 하면서 성과를 냈던 많은 광고 콘텐츠는 결국 브랜드의 진정성이 살아 있는 콘텐츠였습니다. 진정성 있는 콘텐츠란 무엇일까요? 브랜드의 가치를 차별성과 일관성을 가지고 진술하고 구체적으로 전달하는 콘텐츠입니다. 너무나 많은 가짜 광고들의 홍수 속에서도 현명한 고객들은 사실에 기반한 진짜 콘텐츠를 반드시 구별해냅니다.

클릭을 부르는
카피라이팅

보통 클릭을 부르는 광고 소재는 어느 정도 정해져 있습니다. 대표적인 것이 할인형입니다. 00% 할인, 무료 이벤트 등이 그 예입니다. 또 1위, 최신, 최고, 등과 같이 가치 입증을 하는 권위형도 있습니다. 고객 후기 및 전후 결과를 비교하는 것도 대표적으로 클릭이 높은 소재입니다. 하지만 병원 마케팅에서는 이런 광고가 모두 불가능합니다. 심의 기준도 담당 보건소에 따라 약간씩 다른 경우도 있습니다. 할인도 안 되고, 1위도 못 쓰고, 최신도 못 쓰고, 고객 후기도 안 되는 상황에서 과연 어떤 소재로 클릭을 높일 수 있을까요?

콘텐츠는 각각의 매체에 특성에 맞게 작성되어야 한다고 했습니다. 뿌리가 되는 브랜드 메시지를 매체에 맞게 다양하게 변형해야 합니다. 검색 광고용 콘텐츠는 한 줄로 잘 요약되어야 합니다. 한 줄 비교가 되기 때문에 타 병원의 문안을 보고 차이를 만들어야 합니다. 블로그에 올려지는 바이럴 콘텐츠는 썸네일과 제목이 중요합니다. 배너는 브랜드 광고이기 때문에 클릭을 부르는 후킹 형 카피보다 병원 브랜드 네임을 노출하는 것이 유리합니다. SNS는 브랜드의 일관된 톤을 유지하면서 지속해서 콘텐츠를 만들고 노출시킬 때 효과가 나옵니다. 그리고 수많은 피드 중 우리 콘텐츠를 보고 고객이 멈춰야 하므로 디자인과 카피도 무척 중요합니다.

카피라이팅을 할 때는 브랜드 정체성을 유지하면서도 시작하는 이벤트에 맞춰 메시지를 뽑아야 합니다. 그리고 평소 나는 어떤 카피에 손이 갔는지 자기 객관화를 통해 내가 클릭한 이유, 내가 구매한 이유를 분석해 보는 것도 무척 중요합니다. 클릭을 유도하는 몇 가지 사례를 살펴보겠습니다.

- 인상적인 사례를 활용한다. (아토피 환자가 어떻게 요리사가

될 수 있었을까?)

- 의문형으로 만든다. (아직도 00 모르시나요?)
- 이익이나 검증을 구체적이고 직접적으로 표현한다. (98% 호전, 1% 이내 재발률)(다만, 이런 경우 의료법 때문에 정확한 서류를 제출 증명해야 광고를 걸 수 있습니다. 때에 따라 심의통과가 불가할 수도 있습니다.)
- 구체적인 방법을 제시한다. (00치료 이것만 하면 됩니다.)
- 호기심을 유발하는 상징적 메시지를 쓴다. (나의 첫 번째 00 병원, 예진아! 000 치료 부탁해! 척추가 찾는 마지막 병원)
- 얻을 수 있는 효익을 드러낸다. (허리를 펴다 인생을 펴다.)
- 공감을 표현한다. (아토피 많이 힘드셨죠? 차라리 위를 자르고 싶다, 관절 치료가 간절하다.)

문구나 멘트에는 무엇보다 자신감이 중요합니다. 실제로 환자들은 꼼꼼하게 읽어보고 사소한 것도 유심히 보고 찾아옵니다. 그저 '유명하다'라는 말뿐인 내용보다는 지방에서 찾아온 환자 비율 수치를 언급한다거나, 전국에서 내원하는 환자들의 숫자를 이미지로 보여준다거나 하는 구체적 자료를 제시하면 좀 더 신뢰를 얻을 수 있습니다. 그리고 가장 중요한 것은 이러한 카피 뒤에 병원의 브랜드 스토리가 항상 뒤받쳐줘야 한다는 사실입니다. 고객에게 자신의 이야기를 들려준 사람은 그렇지 않았을 때보다 계약을 성사시킬 가능성이 높다는 연구가 있습니다. 스토리는 의심을 믿음으로 바꾸는 역할을 합니다.

신뢰를 주는
스토리 콘텐츠

소비자 행동학에 따르면 소비자 본인은 충분히 검토해서 이성적인 판단을 했다고 생각하지만 알고 보면 감성적 판단에 따라 결정하는 경우가 훨씬 많습니다. 기분에 따라 감정적으로 구매 결정을 하고는 사야 할 이유가 충분했다며 스스로를 합리화합니다. 하지만 구매에 최종적으로 영향을 미치는 것은 논리적 판단보다 무의식적인 감정 때문이라는 것이 많은 뇌과학자의 주장입니다.

현재 대부분의 병원은 비슷비슷한 수준의 상향 평준화된 의료 기술을 가지고 있습니다. 이런 상황에서 소비자 마음속 깊이 보통 이상의 가치를 남기고 돋보이게 하려면 이성을 넘어서는 감정적인 끌어당김이 있어야 합니다. 이성에 앞서 감정을 끌어낼 수 있는 것이 스토리입니다. 우리는 스토리에 공감될 때 상술에 넘어갔다거나 설득당했다고 생각하지 않습니다. 이것이 바로 스토리의 힘입니다.

병원 홈페이지에는 반드시 의료진 또는 병원 소개 메뉴가 있습니다. 보통 여기에 원장님의 진료 철학이나 병원의 특별한 스토리가 들어갑니다. 환자는 특히 자신을 치료하는 의사(병원 장)가 누군인지 궁금함을 갖기 마련입니다. 원장님도 의사이기 전에 한 인간입니다. 그래서 원장님이 어떤 사람인가는 병원을 선택하는 데 결정적인 영향을 미칩니다. 이것은 의사 개인의 스토리텔링을 넘어 한 병원의 스토리텔링이라고도 볼 수 있습니다. 그래서 원장님의 나다움이 무엇인지 꼭 알고서 시작해야 한다고 했습니다. 이는 모든 마케팅(나아가 브랜딩)의 첫 단추입니다. 그런데 이런 과정 없이 억지로 만들어지는 이야기는 감동도 없고 진실성도 의심받게 됩니다.

컨설팅 했던 모 내과 병원의 원장님은 국내 대학병원에서 몇 손가락 안에 들 정도로 대동맥 수술을 많이 하던 분이었습니다. 동맥경화로 고통받는 환자들을 보면서 1차 의료 기관을 개원하고, 심장과 혈관의 문제를 조기에 발견할 수 있는 검사와 진단법을 연구했습니다. 그리고 이를 바탕으로 모든 이들이 건강하게 살 수 있도록 하겠다는 사명(미션)을 브랜드 가치와 로고, 네이밍, 컨셉에 반영했습니다. 그런 다음 스토리텔링으로 검사와 치료법을 체계화하고 시각화하여 그 근거를 뒷받침했습니다.

모 척추 의원도 비슷했습니다. 이 병원의 원장님은 원인 모를 척추 통증에 오래 시달리다 의대 교수직을 버리고 미국으로 건너갔습니다. 그리고 카이로프랙틱(Chiropractic, 일종의 대체의학으로 수술 없이 척추가 정상적으로 작동할 수 있도록 하는 치료법) 전문의 자격을 취득했습니다. 전문의 하나도 취득하기도 힘든데 '더블 보드(두 개의 전문의 자격)' 취득을 한 이유는 자신이 실제로 겪은 통증을 극복하기 위해서였습니다. 이런 이야기는 이 병원만의 특별함을 만들기에 좋은 소재입니다.

모 약사님은 교통사고로 물속에 가라앉아 숨조차 쉴 수 없었던 경험이 있었습니다. 주변의 도움으로 목숨을 건진 후, 사고 이후의 인생을 일종의 덤으로 생각했습니다. 그래서 공동체를 위해 가치 있는 일을 하며 살겠다는 결심을 했습니다. 이 스토리를 바탕으로 약국 홍보에 필요한 새로운 콘텐츠를 만들 수 있었고, 많은 조회 수를 기록했습니다.

아토피, 두드러기 등 면역계의 이상 질환을 다루는 의원을 컨설팅할 때입니다. 이미 아토피는 레드오션 시장이고 대체재가 많았습니다. 초진 환자를 증가시키고 전체적인 매출을 올리는 일이 쉬운 일은 아니었습니다. 하지만 광고 효과를 극대화할 새로운 미디어를 발굴하고 만드는 것보다 진정성 있는 콘텐츠 즉, 스토리에 집중했습니다. 원장님 자신도 과거에 아토피 환자였기 때문에 진물이 나고 밤새 잠을 이루지 못했던 자신의 고통을 발판 삼아 어떻게 한의사가 되었는지 솔직하게 자신의 이야기를 토로했습니다. 그리고 치료가 안 되면 자살까지 할 생각으로 병원을 찾은 환자가 마침내 완치가 되어 희망을 찾았다는 이야기도 발굴했습니다. 그 결과 컨설팅을 시작할 때보다 매출이 세 배 이상 성장하는 쾌거를 이뤘습니다.

"나는 그런 거창한 이야기가 없습니다." 이렇게 말씀하시는 원장님이 많습니다. 하지만 특별한 경험이 없는 분은 없습니다. 다만 그걸 발굴하지 못했고 의미 부여를 하지 않았을 뿐입니다. 아무것도 없는 것처럼 보이는 누군가의 스토리에서도 결국 무언가는 반드시 나온다는 것이 저의 경험입니다. 환자에 대한 감정, 생각, 고민, 아픔, 치료 동기, 문제 해결 경험이 없는 원장님은 없습니다. 이 모든 것이 스토리텔링의 중요한 재료가 됩니다. 저마다 사연은 다르지만 세상에 하나밖에 없는 자신의 이야기는 분명히 있습니다.

가치 입증의
숫자 콘텐츠

의료에서 전문성은 무엇보다 가장 중요한 가치입니다. 그래서 콘텐츠를 풀어낼 때 권위, 검증, 가시적 증거를 활용해야 합니다. 임상 기술에 관한 연구와 노력이 타 병원보다 우수한 병원이라면 이런 것에 좀 더 우선순위를 두고서 감성적 어필보다 이성적 어필을 더하는 것이 효과적입니다. 여기서 이성적 어필이란 얼마나 치료를 잘하는지, 얼마나 연구에 투자하고 있는지를 강조하는 것입니다. 그런데 "우리 병원은 차별화된 의술을 펼치고 있습니다." "저희는 꼼꼼하고 정확하게 진료합니다." 식으로 단순하게만 말한다면 고객들은 우리 병원의 전문성을 인정해주지 않습니다.

추상적인 문구보다는 분명한 수치로 제시하는 것이 효과적입니다. 근거를 제시한 후 설득이 뒤따라 가야 합니다. 전문 분야 수술의 경우 '00년간 00건' 식으로 구체적인 숫자로 설명하는 것이 좋습니다. 숫자는 병원이 얼마나 실력이 있는지, 얼마나 경험이 많은지 간접적으로 보여주는 지표입니다. 아래의 예를 한 번 살펴보겠습니다.

- 치료 결과가 우수합니다. (호전률 98%를 나타냈습니다.)

- 최첨단 장비 (3년간 20억 이상 투자한 대학병원급 장비)

- 우수한 치료 결과 (20년간 40만 케이스로 보여주는 치료 결과)

- 정확한 진단 (13가지 장비를 통한 정확한 진단)

- 오랜 경험의 (소아치료만 25년)

- 전문의료진 (전체 치과의사의 6%가 치과 전문의)

- 우수한 현미경 (25배 확대되는 미세 현미경)

- 열심히 치료합니다. (1만 번 도전해서 알게 되었습니다.)

- 효과가 입증되었습니다. (지방은 물론 해외에서도 옵니다.)

그런데 아직 개원한 지 얼마 안 돼, 숫자로 표현할 만한 데이터가 없다면 어떻게 해야 할까요? 이때는 병원의 고민이나 노력, 아픔, 도전 등을 수치화하는 것이 좋습니다. 자신의 전문성을 꼭 결과가 아닌 과정으로 표현할 수도 있기 때문입니다. 그리고 이제부터라도 진료 결과나 수술 결과, 우리의 전문성을 보여줄 수 있는 다양한 자료를 축적해야 합니다.

『프로세스 이코노미』라는 책에서는 결과가 아닌 과정으로도 충분히 브랜딩이 가능하고 팬을 모을 수 있다고 BTS 등의 사례를 들어 설명했습니다. 과정을 보여준다는 것은 이 일을 하는 이유와 철학이 그대로 드러나는 일입니다. 고객들은 이 과정을 모니터링 하면서 병원에 대한 좋은 감정을 갖게 됩니다. 그래서 일회성이 아니라 여러 번 오랫동안 자신들의 얘기를 계속해서 들려줄 필요가 있습니다. 마치 습관처럼 말입니다.

개원한지 얼마 안 된 한 병원을 컨설팅할 때, 환자 진료를 시작할 때마다 설문 조사를 하도록 병원에 부탁했습니다. 설문 조사에는 통증의 정도와 삶의 질 점수를 1~10까지 나누고 치료 전후에 자가 체크하도록 했습니다. 동시에 치료 전후 검사 결과 수치, 치료 호전률 등을 지속해서 측정했습니다. 그리고 6개월이 지났을 때 통증과 삶의 질 점수가 호전된 환자 비율을 조사했습니다. 그리고 총 환자 중에서 호전된 환자 비율, 검사 수치가 호전된 정도를 수치화했습니다. 그리고 이를 객관적인 콘텐츠로 풀어냈습니다. "저희의 OO 치료 전후 고객 설문 결과에 의하면 평균 00% 고객이 증상이 호전되었다고 답변하였습니다. 통증의 정도는 7에서 3으로 감소했고, 염증검사 수치도 00에서 00으로 00% 감소하였습니다. 치료받은 환자 중 00%가 6개월 치료 후 92%의 호전률을 나타냈습니다." 이런 설명이 홈페이지에 포함되고서부터 방문자들의 홈페이지 체류 시간이 늘어났습니다. 당연히 초진 환자 수도 증가했습니다.

또 다른 병원을 컨설팅 할 때의 일입니다. 온라인 상담 글을 꼼꼼히 살펴보았는데, 다른 병원에서 수술이 되지 않아 이 병원을 찾았다는 내용이 많았습니다. 확인해 보니 실제로 재수술을 위해 오는 경우가 60% 정도였습니다. 다른 곳에서는 불가능한 재수술이 우리는 실력이 있어서 가능하다는 것을 보여주기 위해 재수술로 내원하는 환자 비율을 구체적인 수치로 부각했습니다. 그러자 실력 있는 병원이라는 것이 간접적으로 표현되었습니다. "서희 병원의 OO 수술은 60%가 재수술로 오신 분들입니다. 재수술은 더 까다롭고 만족도가 떨어지는 어려운 수술입니다. 두 번 다시 실패하지 마세요."

또 다른 병원은 평균 수술 시간이 다른 병원 대비 짧다고 했습니다. 실제로 타 병원 대비 수술 시간을 조사했더니 평균 2

시간인데 반해 이 병원은 1시간 내외로 짧았습니다. 이러한 수치 차이도 마찬가지로 좋은 반응을 이끌어냈습니다. 어느 치과에서는 재미있게도 환자의 방문 빈도를 적게 하는 것이 자신들의 목표라고 했습니다. 그래서 이 병원에서는 실제로 환자의 내원 횟수가 얼마나 줄어드는지 보여주는 것으로 병원 콘텐츠를 만들었습니다. "저희는 더 적게 내원하시도록 하는 게 목표입니다." 이런 메시지는 환자들에게 병원을 한 번 더 각인시키는 효과를 낳았습니다.

'안전'이라는 브랜드 가치가 핵심인 병원이 있었습니다. 그래서 매일 장비 컨디션을 체크하는 횟수, 환자 이름을 부르는 횟수, 청결을 위해 전직원들이 하루에 손을 씻는 횟수 등을 숫자로 표현해 안전을 간접적으로 강조했습니다. "저희는 매일 장비 컨디션을 5번 체크합니다. 하루에 환자 이름을 00번 부릅니다. 청결을 위해 전 직원들이 하루에 00번 씻습니다."

관심을 가지고 자세히 들여다본다면 객관화가 가능한 지표는 무척 많습니다. 숫자로 표현하면 효과와 결과가 어떻다고 구구절절 설명하지 않아도 되고, 직관적으로 어필이 가능한 장점이 있습니다. 이는 치료에 대한 진정성, 자신감과 의지를 보여주는 것이고 보이지 않는 치료 결과를 보이게 하는 물리적 증거가 됩니다. 통계 자료를 활용해 병원 홍보를 하는 일은 의료법에서도 문제가 되지 않습니다. 그리고 일종의 병원 경영

목표처럼 "우리의 목표를 올해 5% 더 끌어올립시다"처럼 쓸
수도 있습니다.

진정성 있는
후기 콘텐츠

환자들은 어떤 결정을 내리기 전, 자신과 같은 환자의 의견
을 많이 참고합니다. 전문가로서의 의사 의견 못지않게 자신이
진료받고자 하는 병원 환자의 후기를 중요하게 봅니다. 따라
서 환자 치료 후기는 광고에 큰 영향력을 발휘하는 콘텐츠입니
다. 실제 환자의 자필 치료 후기 제목을 몇 가지 가져와 보았습
니다.

- 판도라 상자에 남아있는 마지막 희망
- 7년간의 환자 생활의 종지부
- 하루하루 사는 게 사는 게 아니었죠.
- 부모 원망을 하며 나 자신을 학대했어요.
- 속는 셈 치고 치료를 받았다.
- 이번에 치료 안 되면 자살할 생각이었어요.

제목 하나하나에 환자의 절실한 마음이 보입니다. 환자 스스

로 자기 생각을 솔직하게 털어놓았기 때문입니다. 치료 후기란 환자에게 있어 힘들었던 치료의 졸업장과 같습니다. 이런 후기는 다른 환자에게 위로를 줄 뿐만 아니라 치료에 대한 희망도 가지게 합니다. 그리고 의료진에게는 책임과 소명 의식을 되새기게 하고, 현재 하는 일에 대한 재점검의 기회도 줍니다.

하지만 치료 후기를 활용할 때는 의료법에 유의해야 합니다. 의료법 제56조 제2항 제2호에는 로그인 절차 없이 작성된 후기는 치료 경험담 광고로 간주하여 금지하고 있습니다. 대신에 로그인 과정을 거친 후 작성된 후기는 괜찮습니다. 그리고 병원 관계자가 환자를 대신해 사진이나 후기를 올리는 경우 해당 환자로부터 동의를 받아야 하고, 내용과 사진이 진짜인지도 반드시 확인해야 합니다. 이처럼 후기에 대해서는 엄격한 기준을 가지고서 콘텐츠화 해야 한다는 것을 잊으면 안 됩니다.

현재 의료시장에서는 너무나 많은 병원이 시술 사례와 후기를 가지고 경쟁하고 있습니다. 최근에는 텍스트 콘텐츠 비율이 줄어들고, 이미지로 가득 채운 후기도 많이 볼 수 있습니다. 모 성형외과에서는 유튜브에서 수백 만 조회 수를 가진 개그맨을 모델로 세워 치료 전후의 모습을 보여주기도 했습니다. 특히 미용 성형은 후기 사진이 없으면 볼 게 없을 정도로 중요한 홍보 콘텐츠가 되었습니다.

저는 브랜딩 전략을 수립할 때 그 병원의 치료 후기를 꼼꼼히 정독합니다. 환자들의 마음을 먼저 이해해야 마케팅 대안을 제시하는 저로서도 확신 있게 의견을 내놓을 수 있기 때문입니다. 실제로 좋은 치료로 완치되고 나아가 삶의 질이 높아진 환자 후기는 정말 귀한 자산이 아닐 수 없습니다. 치료 후기 내용을 보면 우리 진료가 잘하는 것, 고객에게 어떤 도움을 주었는지 등이 적나라하게 보입니다. 치료 후기는 온라인 상담 글과 함께 너무나 좋은 콘텐츠가 아닐 수 없습니다. 다만 외부에는 공개 불가한 부분이 많으므로 내부 콘텐츠로 잘 활용해야 합니다.

그리고 가장 중요하게는 오직 광고용으로 활용하기 위해 후기를 받지 말았으면 합니다. 우리의 치료 결과가 어떠한지 보는 지표로서 또는 정말 치료가 잘 끝난 환자에게 축하한다는 의미로 후기를 받고 활용해야 합니다. 병원 진료에 대한 평가로서, 우리가 하는 치료에 확신과 긍지를 갖는 용도로서 후기 내용을 선한 마음을 갖고서 받아야 합니다.

콘텐츠 마케팅의 핵심은 양이 아니라 질에 달렸습니다. 콘텐츠는 결국 설득의 영역입니다. 고객이 읽고서 고개를 끄덕이며 마음속으로 동의할 수 있는 것이 중요합니다. 일종의 선언만이 아닌 뒷받침되는 스토리가 있을 때 강력한 콘텐츠로서 효능을 발휘합니다. 고객들은 사명감 있는 의사, 사명감 있는 병원에서 치료받기를 원합니다. 사명감은 다른 말로 '존재 이유'라고 할 수 있습니다. 우리의 존재 이유가 고객에게 어떤 의미를 주고 있는지, 후기를 통해 꾸준히 발굴해 나가면 스토리 자체에 힘이 생깁니다. 하지만 우리 병원이 주력하고 있는 상품이 저관여인 경우도 있으므로 관여도에 따라 그 접근 방식은 달라질 수 있습니다. 보톡스와 같은 저관여 제품은 진정성 있는 스토리텔링으로 브랜드의 가치를 전달하기보다는 때로는 미끼 상품이 되어 내원 환자 수요를 일으킬 목적으로 배치하기도 합니다.

그리고 콘텐츠 메시지뿐만 아니라 브랜드의 톤앤매너에 맞게 시각적인 부분도 고려해야 합니다. 우리 컬러나 비주얼 가이드에 맞게 콘텐츠가 디자인되어야 하는 것은 물론입니다. 모두 우리가 앞서 결정한 브랜드 가이드에 맞게 정리되고 만들어져야 한다는 것을 잊어서는 안 됩니다.

5부.
마케팅 이모조모

18

도대체 얼마를
써야 하나요?

마케팅에 정답은 없다. 하지만 비용을 들인 만큼 효과가 미약하든 크든 어떤 반응이 있는 것은 분명하다. 대신 효과를 최대로 끌어올리는 전략이 필요하다. 평균적으로 매출 대비 10% 수준의 마케팅 비용을 쓴다.

요즘 환자들은 주로 어떤 경로로 병원을 찾을까요? 간판, 버스와 아파트 광고, 다양한 판촉물, 온라인 홍보 이 가운데 어느 쪽이 가장 효과적일까요? 최근 제가 컨설팅하는 병원의 고객 내원 경로를 조사해보면 압도적으로 온라인 홍보가 많습니다. 거의 대부분의 환자가 스마트폰과 컴퓨터로 검색을 해보고 병원을 찾습니다.

사실 온라인 마케팅 매체는 수도 없이 많습니다. 아마 원장님들은 하루가 멀다 하고 업체로부터 마케팅 제안을 받을 것입니다. 제안 내용만 보게 되면 하나같이 다 효과가 있을 것 같지만 실제로는 그렇지 않습니다. 그래서 이럴 때 필요한 것이 '미디어 믹스 전략'입니다. 우리 병원 브랜드에 맞는 매체를 선택하고 각 매체별로 예산 비중을 다르게 해서 마케팅 활동을 집행하는 것을 말합니다.

모 성형외과는 연 매출이 100억 원에 육박하는데 광고비로 최소 10억 이상을 사용합니다. 많이 버는 만큼 비용 또한 꽤 많이 쓰고 있습니다. 반면, 적게 벌면서 광고비를 거의 쓰지 않는 병원도 있습니다. 하지만 이제는 지역에서 터줏대감 역할을 하는 병원이 아닌 이상 브랜딩을 위해 마케팅 활동을 전혀 안 해도 되는 곳은 없습니다. 소개로 오지 않는 이상 새로 오는 환자를 만들기 위해서는 외부 광고나 홍보 활동을 하지 않을 수 없습니다. 그러면 당연히 돈이 들고, 비용에 따라 홍보 활동의 범위도 천차만별로 나뉩니다.

많은 원장님들이 제게 이런 질문을 합니다. "얼마를 쓸 건데, 매출을 얼마나 올려줄 수 있나요?" 마케팅 비용에 대해서 부담을 느껴서 하는 질문이라고 생각하지만 이런 질문은 결코 좋은 질문이 아닙니다. 얼마를 쓰면 얼마를 올려주는 식의 공식은 존재하지 않기 때문입니다. 그래서 저는 원장님들에게 이렇게 말하곤 합니다.

"비즈니스나 마케팅에 정답은 없습니다. 성공 사례는 존재하지만 똑같이 따라 한다고 같은 성과가 나오는 것은 아닙니다. 심지어 A 병원에서 통했던 전략이 B 병원에서는 통하지 않는 일도 비일비재합니다. 시장에서 선택을 받기 위한 일련의 활동이 마케팅입니다. 시장은 계속 변화하기 마련입니다. 경쟁 병원이 생기고, 매체 환경이 달라지고, 고객의 라이프 스타일도 변화합니다. 끊임없이 외부 상황에 영향을 받습니다. 이에 대처하고 대응하는 것은 병원 문이 열려 있는 한 누군가는 해야 하는 일입니다. 이 일을 전담할 직원을 몇 명 채용하는 대신 광고비를 쓴다고 생각하세요. 활동이 있고 없고에 따라 병원에 유입되는 환자의 수는 크게 차이가 납니다.

광고비는 투자입니다. 쓴 만큼 효과는 나타납니다. 경쟁이 심하면 예산을 많이 잡아야 하고 그렇지 않다면 작게 잡을 수도 있습니다. 매출 대비 10% 정도가 평균적인 마케팅 비용입니다. 하지만 진료 과목에 따라 그 이상 쓰는 곳도 있습니다. 수많은 마케팅 채널 중 고작 몇 개를 해보고 마케팅 효과가 없다고 단언하는 것은 곤란합니다. 마케팅 비용을 아깝다고 생각하는 병원은 절대 살아남을 수 없습니다. 대신 비용 집행을 어떻게 해야 효과적인지 아는 것이 더 중요합니다. 잘 맞는 광고 매체를 만나거나 매체가 최적화되어 비용 대비 전환률이 높아지면 같은 돈을 써도 이전보다 수십 배의 가치를 얻습니다. 신규 환자는 병원의 성장률과도 같습니다. 따라서 지속적인 신규 환자 창출을 위해 마케팅에 돈을 쓰는 것은 필수입니다."

좀 길게 얘기했지만, 이 얘기 안에 모든 것이 다 녹아 있습니다. 마케팅의 정답은 아무도 모릅니다. 케이스 바이 케이스입니다. 이것저것 해보면서 조금씩 우리 병원에 적절한 마케팅 활동과 비용을 도출해보는 방법밖에 없습니다. 그러면서 계속 점검하고 업그레이드하면서 효율을 높이는 수밖에 없습니다.

가격은 다이소인데, 성능은 다이슨을 바란다면 그건 욕심 아닐까요? 마케팅 효과가 없다고 당장 중단하기보다는 조금씩 지출 대비 효과를 높이는 쪽으로 고민하는 것이 현명합니다. 그래서 마케팅을 브랜딩을 위한 투자이자 성장을 위한 기회로 생각하는 게 좋습니다.

19

성과 측정은
어떻게 해야 하나요?

성과 측정은 마케팅 최적화를 위한 과정이다. 성과 측정이 자칫 일을 잘하느냐 못하느냐의 기준이 되어서는 안 된다. 자칫 본질을 놓칠 수 있기 때문이다. 더 이상 특별한 방법은 없다. 이 방법 저 방법 다양하게 해보면서 최적화를 하는 것이 중요하다.

"마케팅 비용만 투자하면 다 되는 것 아닌가요?" "왜 저 병원은 마케팅 예산이 우리보다 적은데도 환자가 많은 거죠?" "예전에는 마케팅을 조금만 해도 효과가 나타나던데요."

마케팅을 만병통치약이라고 생각하는 원장님은 경쟁 병원 이상으로 비용을 쓰면 저절로 내원 환자들이 많아진다고 생각합니다. 병원 상황이나 시스템, 규모, 원가 구조, 진료 과목 등이 다른 데도 타 병원과 단순 비교를 합니다. 물론 마케팅 효과가 전혀 없는 것은 아닙니다. 마케팅 비용이 늘어나면 실제로 환자의 상담 전화와 온라인 문의도 함께 증가합니다. 하지만 이것만으로 매출이 반드시 오른다고 할 수는 없습니다.

비용을 쓰는 것 이상으로 중요한 것이 있습니다. 바로 어떻게 쓰였고, 어떤 결과를 가져왔는지에 대한 분석입니다. 어떤 면에서는 마케팅 전략을 세우고 실행하는 것 못지않게 마케팅 활동에 따른 성과 관리도 중요합니다. 다른 병원에서는 효과가 있었다 하더라도 우리 병원에서는 아닐 수 있습니다. 반대로 타 병원에서는 효과 없었던 마케팅이 우리 병원에서는 효자 역할을 할 수도 있습니다.

실제로 제가 마케팅 대행 운영을 하는 모 병원은 검색엔진에서 구글의 성과가 극명하게 나타났습니다. 하지만 또 다른 병원은 그렇지 않았습니다. 이처럼 병원이 처한 상황에 따라 마케팅 성과는 다르게 나타납니다. 그래서 "OO가 효과가 있다더라" "광고비는 10%가 적당하더라" 등의 일반화의 오류에 빠지기보다 우리 병원에 맞는 최적의 마케팅 조합을 찾아내는 것이 현명합니다.

다시 한번 말씀드리지만, 마케팅에 정답이란 없습니다. 마치 환자의 증상이나 질병의 원인에 따라 각자 다른 약을 처방하는 것과 같습니다. 예후를 보면서 약효가 잘 나타나지 않으면 약을 바꾸는 것과 같습니다. 그렇기에 마케팅에서 중요한 핵심은 측정입니다. 피터 드러커 역시 '측정해야 관리할 수 있다'고 했습니다. 측정 후 목표대비 성과가 떨어지는 매체는 문제를 해결하거나 조정해야 합니다. 효과가 떨어지는 광고 콘텐츠는 당연히 수정하고, 효과가 높은 콘텐츠는 확대하는 등의 끊임없는 보완과 개선을 해야 합니다. 이런 과정을 반복할 때 마케팅 최적화가 일어나고 돈 쓴 효과가 나타납니다. 성과 측정을 잘하기 위해 다음의 세 가지를 꼭 기억했으면 합니다.

성과 측정에서
꼭 기억해야 할 3가지

첫 번째, 내원 경로와 병원 선택 이유는 반드시 확인해야 합니다. 초진 설문지에 내원 경로 항목을 꼭 넣습니다. 최근에는 여러 채널을 다양하게 보고 오기 때문에 하나만 딱 고르기를 어려워하지만, 반드시 무엇을 맨 먼저 확인했는지 여쭤봐야 합니다. 병원 지점별로 다르기도 하고, 경로에 따라 인당 진료비나 동의율 관리에도 중요한 지표가 됩니다.

두 번째, KPI는 일간, 주간, 월간 구분해서 확인합니다. KPI(Key Performance Indicator)는 핵심성과지표라고 합니다. 보통 일반 기업에서 생산성을 관리하는 지표를 정해두고 이를 분기별로 관리하는 것처럼 광고를 진행하고자 할 때 몇 가지 지표를 두고서 주 단위, 월 단위, 년 단위 추이를 살피는 것이 필요합니다. 이를 위해서는 마케팅 대행사에게 어떤 지표가 중요하게 관리되어야 하는지 물어보고, 집행 기간별 보고서를 요청

하면 됩니다. 성과 지표는 대행사가 일을 잘 했느냐, 못 했느냐 평가하는 기준이라기보다는 성과를 분석하여 다음 전략을 짜기 위한 대안 도출이라고 생각해야 합니다. (대행사에게 KPI 이행을 너무 강조하다 보면 KPI 숫자 목표만 채우는 광고를 운영합니다). 그리고 매체별 노출량, 유입량, 클릭수, 클릭률, 전환수, 광고 비용 등을 다루는 온라인 광고 지표와 병원 내의 관리 지표, 예를 들어 전화 문의수, 예약 성공률, 예약 이행률, 예약 부도율, 상담 동의율, 콜 성공률, 내원률, 초진수, 동의율, 인당 진료비, 매출 등의 '접점 지표'를 일간, 주간, 월간으로 보고받고 추이를 관리하면 됩니다. 접점 지표는 병원의 마케팅 담당자가 챙길 수 있도록 지시합니다.

세 번째, 최종 목표인 매출과의 상관성 분석 결과는 통합적으로 판단합니다. 일부 대행사들은 KPI를 미시적으로 관리합니다. 즉, 한두 개의 매체만 운영하는 경우 그들의 목표는 단일 지표일 수밖에 없습니다. 블로그 대행사는 블로그 조회수가 그들의 목표입니다. 하지만 중요한 것은 지표 하나가 파란불로 바뀌는 것이 아니라 궁극적으로 매출 상승이 일어나는 것입니다.

모 병원의 경우 한동안 KPI 지표도 전반적으로 청신호였고 매출도 좋았습니다. 그런데 어느 달, 초진은 증가했는데 매출이 감소했습니다. 상담 접점에서 동의율이 좀 떨어지기는 했으나 전적으로 그것 때문이라고 할 정도는 아니었습니다. 문제를 찾기 위해 전체 유입과 클릭, 전환 총 모수를 쪼개어 보기 시작했고 어떤 질환으로 유입되었는지, 질환별 내원 경로는 어떻게 다른지, 질환별 동의율은 어떻게 되는지 찾아보았습니다. 주력 질환인 A 질환의 온라인 유입은 비슷했는데, 막상 내원하는 A 질환의 초진 예약은 적었습니다. 비교적 진료 시간이 짧은 서브 질환 B의 예약이 증가하면서 A 질환을 밀어내고 있었습니다. 또한 경쟁 병원을 보니 새로운 치료 기술 등을 많이 홍보하고 있었습니다. 결국 주력 질환에 대해 우리 병원 말고 다른 병원으로의 대안이 많아진 상황에서 B 서브 질환의 노출로 주력 질환의 환자가 줄어든 것이었습니다. 결국 전체 온라인 유입이나 전환률은 좋았지만 매출이 오르지 않았기에 최상위 고객에 좀 더 집중하는 전략으로 바꾸었습니다. 즉, 총 유입량이나 노출량이 감소하더라도 우리 브랜드가 타겟으로 생각하는 고객층의 방문을 끌어올리는 것으로 전략을 수정했습니다.

불안할수록 마케팅에만 매달리게 되는 게 당연합니다. 경쟁 병원과 비교하기 시작하면 마케팅 비용은 계속 높아질 수밖에 없습니다. 하지만 온라인 마케팅은 갈수록 정교해지고 수준이 높아지고 있습니다. 특정 매체나 방법으로는 더이상 통하지 않는다는 것을 꼭 기억해야 합니다.

에필로그

2012년도 대한의사협회 의료정책연구소에서 조사한 진료과별 개원 비용은 다음과 같습니다.

산부인과 13억 9,397만 원

안과 11억 9,305만 원

정형외과 5억 8,269만 원

내과 5억 1,312만 원

가정의학과 1억 9,405만 원

평균 4억 8,029만원

2012년도 개원 비용을 볼 때, 2023년도 개원 비용은 상당히 증가했을 것으로 추정됩니다. 신사역 사거리에 가보면 건물마다 병원 간판 외에 다른 것은 잘 보이지도 않습니다. 심지어 한 건물에 병원만 가득한 메디컬 빌딩이 빽빽하게 들어서 있는 진귀한 장면도 볼 수 있습니다. 코로나19 장기화, 주 52시간

제, 비급여 보고 등으로 개원가는 더욱 어려워졌습니다. 2023년 최저 임금이 5% 인상됐지만 의료 수가는 평균 1.98% 오르는데 그쳤습니다. 코로나 19의 직격타를 맞은 소아청소년과는 경영난을 버티다 못해 인력 감축 수순에 들어섰고, 저출산 흐름과 고착화된 낮은 진료비, 지속적인 수입 감소를 이유로 '폐과'를 선언하기도 했습니다(23년 3월 29일 대한소아청소년과의사회의 '소아청소년과 폐과와 대국민 작별인사' 기자회견).

가중되는 경영난과 저수가는 의료 기관의 양극화를 초래했습니다. 일부 병원은 박리다매식 환자 진료와 비급여 남발 등으로 수익을 창출했습니다. 대형 병원들은 진료나 중환자실 운영보다 장례식과 검진센터, 카페 등으로 적자를 메웠습니다. 의사를 향한 신뢰도 바닥을 쳤습니다. 일부 의료 기관의 과잉 진료, 과도한 마케팅 경쟁으로 비양심적으로 돈을 번다는 오해는 전체 의료 기관에 대한 불신으로 확대되기도 했습니다. 의료 시장의 빈익빈 부익부의 양극화로 일부 대형 병원의 치료비 덤핑은 지역 솔로(의사 1인 의원) 병원을 위협하고 있습니다. 경영난에 몰린 일부 의사들의 투신이나 잠적, 계속되는 폐업 소식 등 더 이상 이런 일들이 놀랍지도 않습니다.

개원가의 경영 환경이 앞으로 좋아질 것으로 예상하는 사람은 아무도 없습니다. 저수가 제도라는 이유로 정직한 의사가 병원 문을 닫아서는 안 됩니다. 더 이상 불필요한 환자 희생과 의사들 희생이 요구되어서도 안 됩니다. 병원도 일종의 자영업입니다. 그래서 인테리어, 최소 인력, 장비 등으로 개원 비용이 높고 기본 고정비가 높습니다. 초기 고정비가 높은 반면 재료대와 같은 변동비는 비교적 낮아 손익분기점을 잘 넘기고 시스템만 잘 구축이 되면 그 다음부터는 비교적 안정적인 수익 창출이 가능합니다. 결국 시장에서 살아남으려면 의료 기관 스스로 자생력을 기르는 수밖에 없습니다. 병원가에 브랜딩과 마케팅이 체계적인 경영 전략으로 자리 잡아야 하는 이유입니다.

병원 경영은 어렵습니다. 시장에서의 경쟁은 치열합니다. 개원한다는 것이 엄청나게 무모한 도전처럼 보일 때도 있습니다. 하지만 저는 우리나라에 좋은 병원이 더 많아졌으면 합니다. 이름만 들어도 믿음이 가는 훌륭한 병원이 더 늘어나기를 간절히 염원합니다. 병원은 생명이라는 가장 소중한 가치를 다루는 곳입니다. 저는 신념과 철학을 가지고 병원을 운영하는 원장님들을 매일같이 만나 왔습니다. 지난 15년 동안 함께 고민하고 생존과 성장의 해법을 찾았습니다. 종국에는 그 방법이 '브랜딩'임을 확신하게 되었습니다.

우리 병원의 위기를 브랜딩으로 벗어나는 계기를 만들었으면 합니다. 특히 규모나 자본으로 승부하기 힘든 작은 병원일수록 브랜드력은 더욱 중요합니다. 우리가 오랜 시간 사람을 알아가듯 환자 역시 병원 방문과 치료를 경험하며 암묵지를 쌓아갑니다. 그 과정에서 어떤 병원은 한 번의 방문으로 끝나기도 하고, 또 다른 병원은 친구와 가족에 버금가는 신뢰 관계를 맺기도 합니다. 저는 진정한 병원 브랜딩이란 의료 서비스 이상으로 무언가를 환자들과 나누는 과정이라고 생각합니다. 실제 그런 병원들이 성공 가도를 달리고 있음을 오랜 컨설팅 경험을 통해 확인했습니다.

하브 에커는 책 『백만장자 시크릿』에서 "당신이 하는 어떤 하나의 방식이 당신이 하는 모든 방식과 같다"라고 말했습니다. 우리의 생각과 행동 하나가 모든 것을 결정하는 만큼 원하는 결과를 만들고 싶다면 옳은 선택을 하고 그것을 습관으로 만들어라, 라는 뜻입니다. 지금의 결정이 하나씩 쌓이고 모여 우리 병원을 멋진 브랜드를 가진 병원으로 바꾸어 줄 것입니다.

좋은 브랜드란 무엇이며, 사랑받는 병원을 만들기 위해서는 어떤 관점과 태도와 마음이 필요한지 같이 생각하고 공유하는 계기가 되었으면 좋겠습니다. 경쟁 브랜드와 싸워 이기는 것보다 환자의 삶에 줄 수 있는 가치 있는 변화를 약속하고 지켜나가는 것에 더 많은 궁리를 했으면 합니다.

아모쪼록 이 책을 읽는 모든 원장님들이 처음 의사 면허를

취득했던 그때의 뜨거움으로 최고의 병원을 만들어 갔으면 합니다. 그리고 그 결과는 병원과 의사, 환자가 모두 행복해지는 결과로 이어질 것입니다. 부디 이 책이 작은 도움이 되었으면 합니다. 감사합니다.

부록1. 브랜드 진단 체크리스트

현재 우리 병원의 브랜드 진단을 통해 어떤 영역에 문제가 있는지 하나씩 체크해봅니다. 체크 결과에 따라 보강해야 할 영역을 확인합니다.

체크리스트 항목		그렇다	아니다
브랜드 메시지가 있는가	우리 병원은 브랜드 미션이 있으며 우리의 존재 이유를 대변한다.		
	병원의 약속이 슬로건으로 존재하며 무엇인지 알고 있다.		
	브랜드 컨셉은 우리만의 고유함과 차별성이 있다.		
	브랜드 컨셉이 핵심 가치로 구체화되어 있다.		
	우리 병원의 경쟁력은 사실을 기반으로 구체화되어 있다.		
고객에게 전달되고 있는가	브랜드 메시지는 차별성 있는 비주얼 디자인으로 표현되어 있다.		
	우리의 브랜드 메시지와 디자인을 병원의 공간에서 느낄 수 있다.		
	광고나 마케팅 활동에 우리 브랜드의 메시지가 전달되고 있다.		
	광고나 마케팅 활동에 우리 브랜드 디자인의 톤앤매너가 유지되고 있다.		
	고객에게 정기적으로 우리 브랜드의 경험이 어떤지 묻는다.		
경험이 일치하는가	우리 브랜드 컨셉을 원내 구성원의 말과 행동에서 느낄 수 있다.		
	우리가 하는 서비스는 고객에게 약속한 슬로건 내용과 일치한다.		
	구성원들은 브랜드 컨셉, 핵심 가치와 행동 원칙을 알고 있다.		
	구성원들은 브랜드의 핵심 가치에 따라 행동하고 사고한다.		
	고객 경험을 개선하기 위한 노력과 회의를 정기적으로 갖는다.		

부록2. 나다움 찾는 질문

나를 우리 병원으로 바꾸어 질문하고 찾아보게 되면, 우리 병원 브랜드 컨셉을 찾는 방법이 됩니다.

1단계: 나의 성격 알기

다음의 5P에 대해 답을 적어보세요, 본인 답변은 물론이고 지인이 평소 나를 보고 하는 답변 두 가지를 함께 비교해보면 좀 더 객관적인 나를 알 수 있습니다.

- Pleasure, 기쁨: 나는 무엇에 기쁨을 느끼고, 무엇을 소중하게 여기나요? (본인 답변) (지인 답변)

- Passion, 열정: 나는 무엇을 할 때 열정이 솟아나나요? (본인 답변) (지인 답변)

- Pain, 고통: 무엇에 아픔을 느끼며, 안타까워하나요? (본인 답변) (지인 답변)

- Potential Power, 역량: 나는 어떤 잠재력과 역량을 가지고 있나요? (본인 답변) (지인 답변)

- Purpose, 목적: 나의 인생의 목적은 무엇인가요? (본인 답변) (지인 답변)

나를 대표하는 나의 성격은 무엇인가요. 다음 질문에 답해 보세요.

- 주변 사람들이 말하는 나의 장점이나 특성은 무엇인가요?

- 내가 돈과 시간을 내서라도 하는 것은 무엇인가요?

2단계: 가치관 찾기

가치관은 내 생각과 행동의 기준이 됩니다. 가치관이 뚜렷하면 나다운 선택을 할 수 있고 나아가 삶에서 일관된 행동을 하게 됩니다.

- 내(우리)가 삶에서 중요하게 생각하는 신념의 가치는 무엇인가요? 아래 표에서 골라보세요. (5개)

- 다음 중 나(우리)는 어떤 모습으로 보이고 싶은지, 미래 모습이 담긴 희망의 가치는 무엇인가요? 아래 표에서 골라보세요. (5개)

감사	배려	유연성	창의성
결의	봉사	이상품기	책임감
겸손	사랑	이해	청결
관용	사려깊음	인내	초연
근면	상냥함	인정	충직
기쁨	소신	자율	친절
기지	용서	절도	탁월함
끈기	우의	정돈	평온함
너그러움	신뢰	정의로움	한결같음
도움	신용	정직	헌신
명예	열정	존중	협동
목적의식	예의	중용	화합
믿음직함	용기	진실함	확신

3단계: 업무능력 찾기 단계

벤저민 프랭클린은 '인생에서 진짜 비극은 천재적인 재능을 타고나지 못한 것이 아니라, 이미 가지고 있는 강점을 제대로 활용하지 못하는 것'이라고 했습니다. 강점을 잘 파악해 사용하면 그것은 재능이 되고, 영향력을 발휘하는 힘이 됩니다.

- 강점혁명 진단을 통해 알게 된 나의 상위 강점 5가지는 무엇인가요? (강점 혁명 진단은 『위대한 나의 발견 강점 혁명』 책을 참고합니다.)
- 내가 남들에게 잘한다고 이야기 듣는 부분은 무엇인가요?
- 다양한 지식과 경험이 있고, 자격이나 학위가 있는 부분은 무엇인가요?

4단계: 인생의 목적과 목표 찾기 단계

인생의 의미와 가치를 찾는 것은 자신의 사명을 발견하는 것과 같습니다.

- 나에게 의미 있고 가치 있는 일은 무엇인가요?
- 내가 꼭 해보고 싶은 일은 무엇인가요?
- 위 두 가지를 융합한다면 어떤 일인가요?

부록3. 브랜드 컨셉 휠

우리 병원의 브랜드 컨셉을 찾기 위해 다음의 컨셉 휠 활용을 권해드립니다. 아래 질문을 바탕으로 3개 원의 ①,②,③ 항목에 대해 내용을 떠올려보고, 3개 원의 교집합에 해당하는 ④를 생각해봅니다.

- 고객이 가진 문제와 고통은 무엇인가요?

- 그 문제로 삶에 어떤 영향을 받고 있나요?

- 고객의 숨은 욕구는 무엇인가요?

- 기존의 다른 브랜드가 가진 한계는 무엇인가요?(내적문제, 외적문제, 철학적문제 등)

- 우리는 고객의 문제를 어떻게 해결할 수 있나요? 고객이 얻을 수 있는 혜택은 무엇인가요?

- 우리 병원의 차별화된 특징은 무엇이고, 무엇이 다른가요?(경쟁 병원과 비교해서 경쟁 우위의 구체화)

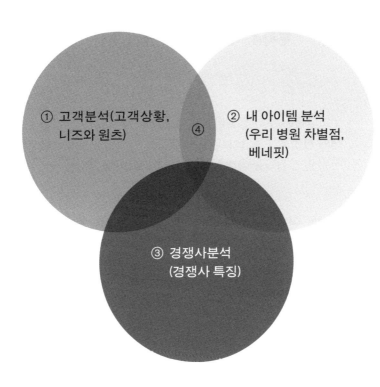

① 고객분석(고객상황, 니즈와 원츠)

④

② 내 아이템 분석 (우리 병원 차별점, 베네핏)

③ 경쟁사분석 (경쟁사 특징)

④번 컨셉 포인트는 ②로 ①을 해결하며 ③에게는 없는 것!

부록4. 우리다움을 찾는 질문

우리다움은 우리 병원다움으로 불러도 무방합니다. 병원 브랜드 컨셉을 도출 후 브랜드 내재화를 위해 병원 직원들은 자신의 업의 정의를 아래 질문을 바탕으로 스스로 해봅니다.

- 우리는 먼저 우리 업을 부정합니다. 그리고 새롭게 정의합니다.

- 우리는 ＿＿＿＿＿＿＿＿＿＿＿＿＿＿이 아닙니다. 우리는 ＿＿＿＿＿＿＿＿＿＿＿＿＿ 입니다.

- 우리 업의 정의를 대표하는 가치는 무엇인가요?

- 우리답다는 것은 무엇인가요?

- 우리답게 일한다는 것은 어떤 모습인가요?

- 우리 조직과 어울리는 사람은 어떤 사람인가요?

- 핵심 가치를 구체화하는 행동 원칙은 어떤 것이 있을까요?

부록5. 브랜드 내재화 체크리스트

병원장님이 우리 병원의 브랜드 내재화 상태를 매주, 매월 정기적으로 체크할 때 활용하는 체크리스트입니다. 이를 바탕으로 개선 포인트 등을 찾아갑니다.

구분	세부내용	그렇다	아니다
인식시키는가	브랜드 핵심 가치와 행동 원칙이 무엇인지 직원들과 이야기를 나누고 있나요?		
	고객과의 접점에서 브랜드 컨셉을 전달하도록 하며, 그것의 중요성을 직원들이 알도록 교육하고 있나요?		
	우리 병원의 인재상이 무엇인지 공유되어 있나요?		
반복하는가	우리 문화에 대해 이야기 나눌 수 있도록 반복적인 미팅을 하고 있나요?		
	우리 브랜드 컨셉이 무엇인지 알 수 있게 가시화 하고 있나요? 그리고 이를 확인하나요?		
	브랜드 핵심 가치에 맞는 행동 원칙을 정기적으로 검토하고 보완해 나가고 있나요?		
평가하는가	브랜드 핵심 가치를 기반으로 객관적이고 공정하게 정기적인 평가를 하고 있나요?		
	브랜드 핵심 가치를 지킨 직원은 보상하고, 치하하며, 격려하는 세레모니가 있나요?		
	피드백은 핵심 가치를 기반으로 조언하고 지지하고 있나요?		

부록6. 브랜드 컨셉 예시

각 병원의 홈페이지 등을 참고했습니다.

선한빛요양병원

병원 이름에서 전달하고 있는 '선한 빛'이라는 브랜드 컨셉을 미션으로 승화하고 '선함'이 내포하는 사랑, 섬김, 정직 등을 핵심 가치로 담아냈다.

- 미션: 선한 빛으로 주는 선한 기쁨

- 비전: 환자를 사랑으로 치료하겠습니다. 뇌졸중 재활치료에서 최고의 실력으로 치료하겠습니다. 부모를 섬기는 마음으로 모시겠습니다.

- 핵심 가치: Love(사랑이 넘치는 병원), Idea(환자들이 원하는 이상적인 병원), Growth(환자와 직원 모두가 성장하는 병원), Honest(정직한 의료 서비스를 제공하는 병원), Thankful(감사한 마음을 갖는 병원)

바로세움병원

병원 이름이기도 한 '바로 세우다'라는 직관적인 브랜드 의미를 '고객을 중심에 세운다'라는 브랜드 미션으로 잘 표현했다.

- 미션: 지역 사회의 신뢰를 바탕으로 고객이 중심이 되는 최상의 의료서비스를 제공한다.

- 비전: 척추,관절 치료 분야에 최고 수준의 연구,진료를 통해 100년을 이어갈 대한민국 최고의 관절,척추 병원의 대표 브랜드가 된다.

- 핵심 가치: 고객 중심 서비스(모든 업무에 고객을 모시고 고객의 눈높이와 입장에서 결정하고 실행하여 고객이 항상 신뢰할 수 있는 의료서비스를 제공하겠습니다), 인재존중 (다양한 인재들이 모여 자기 계발과 함께 발전하며 즐겁게 일할 수 있는 터전을 만들겠습니다), 지역 사회 공헌(지역 사회의 일원으로서 책임감을 가지고 최상의 의료서비스와 다양한 봉사활동으로 지역사회에 헌신하겠습니다), 정도 경영 (초심을 잃지 않고 의료의 본질을 지키면서 정직하고 믿을 수 있는 진료를 실현하겠습니다)

365MC병원

'비만'에만 집중해온 365mc의 브랜드 여정과 철학을 담아 '비만 하나만'이라는 컨셉으로 미션과 슬로건을 구체화했다. '더 나은 비만치료'를 위해 최고를 넘어서겠다는 의지와 고객의 인생을 변화시키겠하겠다는 의지를 가치로 표현했다.

- 미션: 비만으로부터 인류를 자유롭게

- 슬로건: 모든 의료진이 비만 하나만 연구합니다. 모든 시스템이 비만하나만 연구합니다. 모든 임직원이 비만하나만 연구합니다.

- 핵심 가치: 초고객만족, 도전과 혁신

- 광활한 우주에서도 365mc인(人)이 빛나는 10가지 이유: 1)365mc인의 모든 관심과 열정은 "인류를 비만으로부터 자유롭게"로 향한다. 2)초고객만족은 365mc인 모두의 변함없는 북극성이다. 3)365mc인은 새로움에 도전하고 끊임없이 혁신하며 최선으로 헌신한다. 4)365mc인은 원칙이라는 엔진으로 위대함으로 항해한다. 5)365mc인은 정직하게 행동하고 진심으로 응대한다. 6)365mc인은 서로를 존중하고 신뢰한다. 7)365mc인은 실패를 통해 배우고, 배움을 통해 성공에 이른다. 8)365mc인은 공과 사를 철저히 구분하며 위계질서를 지킨다. 9)365mc인은 손발로 시작해서 가슴으로 진행하고 머리로 마무리한다. 10)365mc인은 끊임없이 스스로 성장함으로써 사회적 가치를 드높인다.

홍익병원

'인간 세상을 널리 이롭게 한다'는 홍익의 컨셉을 담아 브랜드 미션과 비전으로 표현했다. 영문 이니셜로 핵심가치를 도출해 홍익이라는 의미는 살리며 단어는 쉽게 기억할 수 있도록 했다.

- 미션: 기독교 정신 + 홍익 인간

- 비전: 긍지와 자부심을 가지는 행복한 홍익 가족, 최상의 진료와 사랑으로 고객이 만족하고 감동하는 병원, 경영합리화로 대형 병원으로 발전하는 병원

- 핵심 가치: H.O.N.G.I.K: Humanism(인류애를 기본으로),

Ownership(주인의식을 갖고), New & Next(혁신적이며), Go forwrd(멈추지 않고), If i were(역지사지의 마음으로), Knot(매듭처럼 단합하자)

참포도나무병원

브랜드네임의 C.H.A.M 정신을 아이덴터티로 삼고 참 좋은 친구로 더 가까이 다가가 주변 모든 이의 건강한 삶과 행복 그리고 환한 웃음을 찾아 드리는 좋은 벗이 되겠다는 의지를 표현했다.

- 미션: 그리스도의 사랑을 바탕으로 한 북한 선교 공동체, 의료 공동체, 훈련 공동체의 실현

- 비전: 나눔을 바탕으로 하는 완숙한 치료가 있는 병원

- 핵심 가치: C.H.A.M: Charity(자비와 관용, 이웃에 대한 사랑을 의미하는 Charity는 저희 병원이 가지고 있는 첫 번째 비전입니다. 만성 척추 관절 질환에 시달리고 계시는 환자분들에게 항상 참 좋은 이웃 같은 병원이 되고자 합니다), Healing(저희가 가지고 있는 모든 기술과 노력과 사랑을 바탕으로 환자분 한 분 한 분의 몸과 마음을 또 영혼의 치유를 위해서 노력하는 병원이 되고자 합니다), Amenity(환자분들의 건강과 회복을 위해서 또 완벽한 통증 관리를 위해서 항상 안락함과 편의성을 제공하는 병원이 되고자 노력하겠습니다), Maturity(진정으로 훌륭한 병원이 되기 위해 우리가 가지고 있는 모든 기술과 질 높은 서비스 그리고 환자를 사랑하는 마음을 더해 생명공동체로서의 가치를 실현할 수 있

도록 최선의 노력을 다하겠습니다)

멘토스병원

환자 및 지역 사회를 위해 좋은 치료 멘토로서 최선을 다하겠다는 의미를 브랜드 네임과 미션에 담았다.

- 미션: 환자와 보호자에게 믿음직한 멘토가 되고 신뢰를 주는 병원, 모든 직원이 서로에게 멘토가 되는 일하고 싶은 병원

- 비전: 실력 있는 병원, 친절한 병원, 믿음직한 병원, 지역 사회에 봉사하는 병원

- 핵심 가치: 친절, 만족, 미소, 감동

보바스기념병원

뇌신경계 이상으로 고통받는 환자들을 위해 자신의 모든 것을 바쳐 헌신한 보바스(물리치료사 베르타 보사스와 정신과 의사 카렐 보바스) 부부를 기념하며 세워졌으며, 재활의학 분야와 노인 전문 치료 역량이 융합된 병원 모델을 완성하겠다는 브랜드상을 담았다.

- 미션: 생명존중의 정신으로 사랑과 신뢰를 받는 의료서비스를 제공하여 건강하고 행복한 삶에 기여한다.

- 비전: Lifetime Health Care Leader(고객의 전 생애 주기에 걸쳐 건강한 삶을 지원하고 선도한다.)

- 핵심 가치: For Palient(고객감동, 환자가 감동하는 병

원), For Employee(직원행복, 직원이 행복한 병원), For Society(사회공헌, 사회적 가치를 실현하는 병원)

자생한방병원

자생은 선대로부터의 독립운동 정신을 이어받아 '긍휼지심(矜恤之心)'의 의료 철학으로 설립되었다. 병원 이름의 '자생'이 의미하는 인체 스스로의 '자생력(自生力)'을 키워 질병을 근본적으로 치유하고 삶의 질을 높이겠다는 업의 철학을 브랜드 미션과 가치로 투영하였다.

- 미션: 한의학과 의학의 장점을 살린 통합의학으로, 의술을 넘어 인술로써 고통받는 환자의 건강한 삶을 위해 기여하겠습니다.

- 비전: 표준화, 과학화, 세계화된 치료법으로 전세계 비수술 척추치료를 선도하는 병원

- 핵심 가치: DOING: Dedication(고객중심, 자생인은 고객의 입장에서 생각한다), Ownership(주인의식, 자생인은 모두가 주인이다), Innovation(변화선도, 자생인은 혁신을 두려워하지 않고 변화를 선도한다), Now(실행중심, 자생인은 기획은 치밀하게 실행은 즉시 한다), Growth(동반성장, 자생인은 개개인의 역량을 발전시켜 모두 함께 성장한다)

병원 브랜딩 기술 : 마케팅 비용의 경쟁에서 벗어나는

초판 1쇄 발행 2023년 5월 8일

지은이 문수정

발행인 김옥정
편집인 이승현
디자인 디스커버

펴낸곳 좋은습관연구소
주소 경기도 고양시 후곡로 60, 303-1005
출판신고 2019년 8월 21일 제 2019-000141

이메일 buildhabits@naver.com
홈페이지 buildhabits.kr

ISBN 979-11-91636-56-7(13320)

좋은습관연구소에서는 누구의 글이든 한 권의 책으로 정리할 수 있게 노움을 드리고 있습니다. 베일로 문의주세요.